湛庐CHEERS

与最聪明的人共同进化

HERE COMES EVERYBODY

10岁，男孩关键期

男の子は10歳に
なったら育て方
を変えなさい！

［日］松永畅史 著
赵学坤 译

浙江科学技术出版社

测一测

你真的了解叛逆期的男孩吗？

扫码加入书架
领取阅读激励

扫码获取全部测试题及答案，
了解如何养育叛逆期的男孩

- 男孩在叛逆期不听话的根本原因是：

  A. 他想要话语权

  B. 他想要证明自己

  C. 他想要成人间的平等和尊重

  D. 他想要更多的爱和帮助

- 叛逆期的男孩总对人爱搭不理，针对这种情况，父母应该如何应对？

  A. 同样对他冷脸相待

  B. 追问爱搭不理的原因

  C. 言语教训他这种没有礼貌的行为

  D. 实施惩罚

- 以下哪种策略不能帮助叛逆期的男孩保持好成绩？

  A. 让男孩自己制定学习的时间表，妈妈只做提醒而不是催促

  B. 让男孩记住“学习是为了给将来留下更多选择”，而不只是“找个好工作”

  C. 注重提高阅读、写作、心算、逻辑思维能力，以及试错能力

  D. 允许他边听音乐边学习

扫描左侧二维码查看本书更多测试题

我们曾如此亲密，似乎生来就是彼此最好的朋友……

后来却渐行渐远，
比陌生人更疏离……

今生母子一场，试炼无数。

一路摸爬滚打，此刻迎来了最后的挑战。儿子的“叛逆期”来势汹汹，终于和母亲“狭路相逢”了。

曾经像顺从的小狗一样眼冒星星、满世界追自己的儿子，摇身一变，瞬间化为“最熟悉的陌生人”。不要你看，不听你说。问就是“谁要你管”，管就是“你烦不烦”。

叛逆期实在让母亲伤透了脑筋。幸而万事万物不离其宗。方法对了，自然便能兵来将挡，水来土掩。

作为教育咨询师和育儿的过来人，我把我遇到过的难题，以及最重要的——这些难题的解决方法，都写在这本书里了。

希望读者妈妈们能站在我的肩头，跳过无谓的坎坷与曲折，收获充盈而幸福的育儿体验，看到更加广阔而从容的人生风景。

我在成功的终点等你！

男孩 10 岁是道坎

那些亲密无间与可爱纯真去哪儿了

“无所谓啦”“烦不烦”“累死了”……

你的儿子现在几岁？如果他刚好处于叛逆期，想必这几句话对你来说并不陌生。

儿子爱搭不理姑且还算幸运，更有甚者干脆装聋。妈妈万般温柔，小心搭话，也得不到儿子半分回应。老公只顾自己吃喝拉撒几件事，别的一概懒得操心，这就罢了（毕竟这样的老公如今并不算多）。但若和儿子成为一个屋檐下的陌生人，妈妈怎能不坐立难安，忧心忡忡？

妈妈热情迎接儿子，却只换来沉默。“真的，我倒情愿他能跟我顶两句嘴！孩子这副装哑巴的样子，就是当着我的面装隐身，拿一把隐形的刀扎我的心啊！”

“儿子，咱们晚上吃点什么啊？”回应是一阵沉默。

“你想不想泡个澡啊？”回应也是一阵沉默。

“作业已经做完了吧？”不消多说，这次的回应更是一阵沉默。

妈妈使出百般解数，搬出压箱底的演技，苦苦扮演完美母亲，但结果只能换来刺骨的冷漠。于是心中无限落寞，一个人时默默流泪。

更悲哀的是，儿子其实有他的世界，只是这个世界里没有你。他常常把自己关在房间里，主动远离所有人。合家欢聚时，他宁愿戴着耳机陷在手机里，在虚拟世界里跟其他人聊得热火朝天。你想给的是温柔陪伴，但他更想和你井水不犯河水。

有的妈妈甚至开始疑神疑鬼：“我儿子以前是个小话痨，什么都跟我讲，我们就像铁哥们儿一样。现在太不对劲了，他是不是沾上了什么不吉利的东西？”

我同情妈妈们，但叛逆期就是说来就来，无法抵挡。咱们的意愿，在它的必然性面前不值一提。

儿子的叛逆期，是妈妈育儿过程中一座不得不翻越的大山。车到山前，这路是轻松坦途，还是难于上青天，就看妈妈们各自的修为了。

你感觉儿子在某一天突然性情大变，但其实所有变化都是循序渐进且有迹可循的，关键在于妈妈能否及早发现端倪。儿子性格的转变一般从 10 岁左右开始，变化的速度和程度因人而异。

叛逆期的号角到底何时吹响

既然所有变化都有迹可循，那么关键就在于找到其“迹”。当隐隐察觉“儿子是不是快到叛逆期了”时，如果妈妈能及时调整亲子相处模式和家庭教育理念，就定能事半功倍地陪孩子度过叛逆期。

最重要的是，大家要在合理的情况下好好观察儿子。

男孩转变为男人的过程中，首先要经历的是身体的变化。他们开始有了勃起反应，从小学五六年级开始皮肤会逐渐变得粗糙，腿毛也越发浓密。从此孩子不愿再跟父母一起泡澡，他洗澡时也会严禁家人入内。

此时，妈妈就该打起精神来了——儿子给浴室门上锁时的“咔嚓”声，就是叛逆期的脚步声。

当然，有原则就有例外。某些男孩即使到了这个阶段，也还能跟父母亲密无间。他们或者是有一个姗姗来迟的叛逆期，或者是有一个延绵不绝的童年期。后者是另一种心理问题，孩子会一辈子跟父母黏在一起，终生无法独立，这同样堪忧。

第二性征的发育还包括体味的变化。妈妈若留心便可发现，儿子的脏衣服会越来越有“男人味”。这气味似乎是一种日常灰尘混合了体味的成年人的汗臭味。妈妈洗衣时多半会惊到，毕竟这“酸爽”的嗅觉体验，跟洗幼儿期宝宝散发着奶香的衣服着实大不相同。

变声是第二性征发育的又一重要标志，但大多会在初中一二年级才出现。声音开始变粗时，叛逆期便悄然而至。而当变声彻底完成时，叛逆期就到了摧枯拉朽的巅峰状态。

孩子的情绪也会紧跟生理变化而日趋暴躁。当他听到“快去把你的狗窝收拾一下”时，一开始或许还会不情不愿地动两下，后来就只会吼一声“别烦我”便作罢，连象征性的动作也懒得做了。到此，叛逆期就进入了读秒状态，随时可能“山洪暴发”。

● 能守得云开见月明吗

这洪水猛兽般的叛逆期什么时候才能结束？它会结束吗？

因人而异。有的父母稍微憋口气，咬牙一挺，撑过半年也就相安无事了。有的父母苦撑着一忍再忍，但一两年也看不到头。还有的父母从儿子进入中学便开始忍受他在全家敏感脆弱的神经上来回折腾，直到儿子大学毕业，夫妻俩仍然一起崩溃无助。其间儿子可以对父母一言不发，如同陌生人，在亲子的世界里彻底遁形。叛逆期到底是一阵短时过境的雷雨，还是一场叫人“求生不得，求死不能”的涅槃，就取决于父母的言行与应对方式了。

所幸，即便是暴风骤雨甚至雷霆万钧，最终都有雨过天晴的时候。

前文里唠唠叨叨的妈妈会发现，儿子真的会如有神助似的脱胎换骨，逐渐卸下自己冰冷又危险的脸色，恢复常人面孔与和善态度。这些年，我陪伴了不少学生从校园走入社会，他们最终无一例外，都会跟岁月、父母以及自己和解。

叛逆期的尾声是什么样子的？有没有方法能让叛逆期快些降下帷幕？其实一切的关键在于孩子何时能客观、冷静地重新认识自己的父母。他终将在某一天悟到：父母其实也只是芸芸众生中的一员，他们的家长里短、苦乐酸甜都是泛泛俗尘中的人间烟火罢了；无须总是嚷着“凭什么”和“烦不烦”，也无须再在一场场有形或无形的操纵与对抗中争个是非高下；想通了，看开了，也就不再针尖对麦芒，一切终于“雨过天晴”。

这一切就像堂吉诃德放下了对风车的执念，陶渊明终于选择了“结庐在人境”。当初儿子选择逆风而上时，阵阵寒风会如长鞭般抽向他的脸；而一旦他巧妙侧身、避风而立时，这些“蚀骨妖风”便通通减了气势，没了威力。从此，再波澜壮阔的大江大河也只能从他脚边缓缓流过，两不相扰。是的，当儿子开始用冷静潇洒的旁观者视角审视自己的父母时，叛逆期就不得不呼啸而去了。

妈妈会欣喜地发现，自己偶尔再误入儿子设下的“结界”，似乎也不会再激起儿子的强烈反应，甚至不会被赶出去了。儿子顶多叹口气，挠挠头，再吐槽一句：“妈妈不都是这个样子吗？反正她就是放不下心，也停不了手，无所谓了。”

如何正确应对叛逆期

领悟了原理，接下来就是执行了。只要家长不用自己肤浅的优越感和拧巴的道德观去绑架孩子，不把他禁锢在孩童的人设里，恣意评判和操控，那么客观的评判与真诚的尊重，就必能融化叛逆期的冰壳，让它不那么沉重和刺骨。

你怀里那个软绵绵、肉乎乎的小婴儿终将长大。无论他在你眼中有多么稚嫩可爱，无论你手里握着多少不舍与依恋，都别忘了要祝福以及成全他的破茧与拔节。现在就看看，是不是他已经有了些许青春期的征兆了呢？

如果是，那么请和他一起成长。就像换掉尺码不合适的鞋一样，果断换掉那些“夹脚”的老眼光、旧方法，用新的眼光和态度为他打造更合时宜的蜕变环境。若父母已经开始被叛逆期“毒打”，那么及时醒悟为时不晚。但如果能防患于未然，不就更从容不迫、处变不惊了吗？

等孩子到了小学四五年级，家长就要擦亮眼睛，在心中踩准育儿的离合器，随时准备换挡。男孩的各种变化、预兆会从此时起逐渐显现，叛逆期已在门外“摩拳擦掌”。

读到此处，如果你松了口气，庆幸自己儿子还小，离这道坎还尚有时日，那么请听听我的衷心建议：

“孩子到了 10 岁时，教育一定要转向！”

当你不去打扰一颗心的成长时，当你甚至愿意俯身蹲下，用平视的目光与广阔的胸怀去接纳和庆贺他的蜕变时，你自然不会再陷在孩子叛逆期的泥潭中，这场激烈的“破茧”也就自然能在和风细雨中顺利完成。

话说回来，前面那个直到大学毕业都不愿跟父母说话的极端叛逆儿最后其实也成熟了。进入社会后的他终于明白了父母的平凡与艰辛，于是走出困顿，放下戒备，像一只归巢的鹰，温和而强大，呵护着全家人。他把小家安在父母家附近，悉心照料老人。当年那些逆反得让父母捶胸顿足的孩子们，一旦转变往往会更加体贴和孝顺。

那么，这本书主要讲述了哪些内容呢？

第 1 章“男孩为什么叛逆”介绍叛逆期的表现与本质，帮助大家知己知彼，有备而战。

多年的教育行业经历让我有幸看到各式各样的母子关系。有捶胸顿足，认为无论如何熬不过叛逆期的，也有谈笑间“叛逆”灰飞烟灭的。两种类型的妈妈各有经历、体验和原因。其中缘由将在第 2 章“叛逆期男孩的教养智慧”中仔细地探讨。

第 3 章“让男孩有教养”介绍的是在孩子叛逆期家长应坚持的教育底线。无论孩子叛逆程度如何，有些道理和原则，都是父母应该“浇灌”到他心里去的。

第 4 章“让男孩有好成绩”是孩子学习方面的锦囊妙计。它告诉父母如何不用“动武”，便把孩子带回书桌前；也回答了孩子的终极之问：“我为什么非要学习？不学又怎样？”这一章里不仅有“道”，更有“术”，而且提供的建议是高度可实操的。

第 5 章“让男孩茁壮成长”和第 6 章“让男孩自立自强”分别教父母如何帮助孩子扬长避短。我们可以激发出孩子最大的潜能与天分，让他们有斗志、会好奇、不自卑。同时要引导他们对抗弱点和突破局限，避免让自己变得脆弱，不要动不动就感到腻烦无聊，更不要牛脾气一上来就控制不住自己，或沉湎于嗜好无法自拔。

我们在第 7 章“给孩子的幸福哲学”再次回到“道”的层面，去探寻教育的边界，触摸它的终极意义，并尝试理解父母能给孩子的幸福究竟是什么。我把自己在平日里关于“幸福教育的哲学”的所思所感放到了这里，望抛砖引玉，供大家阅读和思考。

作为一名教育咨询师，我在漫长的从业经历中，接待了太多与儿子的叛逆期斗智斗勇却落得满身伤痕的妈妈。作为一个父亲，我自己也在自家儿子的叛逆期里饱尝辛酸，所以非常了解个中滋味。幸好，现在拿起这本书的你还有时间，也正在做准备，我相信你一定能见微知著，防患于未然。

如果这本书能帮你从漫天的乌云中撕开一条口子，看到阳光依然在不远处灿烂；如果我的话让你微微颔首或者醍醐灌顶，明白了些许叛逆期育儿艰难的缘由，从而不再那么困惑或失落；如果读完这些篇章，能让你的亲子关系更上一层楼，那么我就不胜荣光，无比欣慰了。

目录

第 1 章

男孩为什么叛逆

看透叛逆期的表象与本质

让人闻风丧胆的叛逆期到底是什么？

我们回忆一下男孩从出生到进入叛逆期之前的成长经历。

犹记得他刚来到这个世界时，是那么弱小无力。他和妈妈亲密无间，眼中只有妈妈，这是他最爱也最想要的人。母子俩唇齿相依——妈妈片刻不能离开儿子的视线，否则他就要哇哇大哭，四处乱爬，不顾一切去寻找。

然而，再血浓于水、不分彼此，到了两岁也会迎来亲子关系的第一个分水岭。人们称这个时期为“可怕的两岁”，确有几分道理。儿子此时开始事事反抗，动不动就噘嘴摇头，把“不要”“不行”喊得理直气壮。他的心里开始响起一声稚嫩但坚定的呐喊：“我不是个婴儿了，我就要自己说了算！”这是儿子自我意识的初次觉醒，他第一次察觉到了妈妈和自己其实是两个独立的个体。

但此时还只是开端，自我意识不过萌发出了一点小芽儿。当儿子进入小学后，自我意识才会在他与朋友、老师的相处中，被逐步强化和升级。到了叛逆期，儿子终于形成了真正意义上的自我意识，由此变得独立和自主，且势不可当。

儿子叛逆的根本原因是想让别人知道：“我不是一个孩子了，我需要成人间的那种平等和尊重。”他的心被束缚，所以想要挣脱。只是他也才刚开始练习，所以挣脱的姿势和力度难免激进，甚至看上去像是要逃离。

同时，他的目光还被父母的人格状态与精神世界吸引。他迫不及待地希望重新认识自己的爸爸妈妈，这次一定要以一个成年人的身份，去真实地了解父母是什么样的人，有着什么样的经历与三观。

他的种种逆反行为，颇像孙悟空大闹天宫，通过不断挑衅与冲击去了解真实、客观的社会规则。

只是有的孩子真能达到“大闹天宫”的程度，让父母方寸大乱、溃不成军。有的孩子稍作试探即鸣金收兵，让父母事后才反应过来：“难道那就是传说中的叛逆期？”甚至有的天使宝贝全程没有值得一提的“大作为”，似乎悄无声息地便度过了叛逆期。

孩子的表现截然不同的原因在哪里？

其中当然少不了每个孩子天生不同的个性与禀赋，但更多地还是取决于父母在儿子叛逆期时的态度。

有的妈妈比较强势，可能会认为："你是我生出来的，当然得听我的。"

但是，孩子已经有了自我意识，希望大人能尊重自己的决定。父母如果仍然强势干涉孩子，孩子当然会奋起反抗。这就是叛逆期亲子纷争的原因。

我以个人空间为例再来说明一下这个道理。

个人空间，是一段能把他人和自己隔绝开来的物理距离。有了它，我们才能感到放松和自由，不至于太过紧绷尴尬。距离的理想长度因他人的身份而异，亲人和恋人间约为 45 厘米，朋友间则要 45 ～ 120 厘米。在高峰期的地铁里，我们周身的不快感就来自从四周向自己紧紧靠拢的陌生人。这导致在个人空间里，所见之处全是络绎不绝的冒犯，几站路下来便叫人感到身心俱疲。

个人空间的必要性在现实生活中处处可证，其实在心理世界里也同样不容忽视。很多人讨厌那些没有教养、问东问西的"大嘴巴"，受不了他们一见面便对别人的私生活刨根问底。其实家人之间也一样如此。

每个人都需要心理上的个人空间，不希望被任何人（即使是亲人）肆意闯入。

我们常常听到这样的无奈拒绝："别问了，工作上的事我真不想带回家讨论。”也可能是卑微恳求：“别再偷瞄我的手机了好不好？这样我会不舒服。”这真不是说大家有什么见不得人的秘密或坏心眼，只是在很大程度上，手机就是心理上的个人空间在现实生活中的映射。当孩子处在叛逆期时，就会从心理上意识到并确立起自己的个人空间。

此后男孩会格外珍视自己的精神领地，不希望父母再强行越界。他们中有些直接摊牌，有些则旁敲侧击，但一定会用种种行为竖起警示牌，提醒大人“到此为止”，接下来“非请勿入”。

无论行为怎样，程度如何，竖起这两块警示牌都是孩子们向独立生活迈出的第一步。

他们站在心中高耸的藩篱之中，仰天大吼：“我想要独立了，让我自己来吧。”

我们现在含辛茹苦地抚养孩子，就是为了他将来能独自走入社会。所以，当他以构建个人空间为起点，主动走向独立时，父母当然该为这伟大的一步欢呼。

记得幼时的他第一次颤颤巍巍地伸出小脚丫，走出人生第一步时，我们会放手去欣赏，还忍不住激动落泪。没有人会惊慌：“糟糕！孩子会走路了！”

叛逆期和学步期一样，都是成长路上的一道坎而已。跨过它，孩子就能立得更稳，走得更远。所以，没必要如临大敌：“不好啦！孩子要开始叛逆了！”

叛逆期明明是一扇通往成年和独立的大门，很多妈妈却把它发展成一头吞噬亲子关系的猛兽，忍不住为儿子的“不懂事”和“没良心”感到万分痛心。于是她们无视孩子的心理藩篱，屡屡入侵，还嚷着“我是你妈，有什么不可以”。

一开始是儿子自立边界，然后是妈妈恣意乱闯，接下来是双方的来回过招。在互不相让中，矛盾不断被激化，关系持续恶化。这就是亲子关系在叛逆期中的崩塌过程。

换个角度看，其实真正应该先反思、必须主动做出改变的人，是妈妈。妈妈如果能琢磨明白儿子在反抗什么，以及母子矛盾的根源到底在哪里，叛逆期的困局便能迎刃而解。

若妈妈不能放下执念，修正对立零和的亲子关系，那么叛逆期的问题不仅不得其解，反而愈演愈烈。

你不能仗着自己是妈妈，就越界干涉和操控孩子。道理很残忍，但记住它，接下来的日子便会容易很多。

自己居然要为孩子的叛逆行径负责？有家长要嘟囔了：“我们多管管他，也是为他好。做父母的还不能为自己孩子操心了？”

没问题，但是你打算把胸中那腔所谓的“可怜天下父母心”操到什么时候——到儿子结婚为止？还是只要他会喘气，无论做什么都要被你管？显然，这是万万不可能的。

有人说，母爱是一场得体的退出。自然界中，雪狐们在成年后便干脆地离开母亲，潇洒地走入广寒大地，独自去定义和书写属于自己的“狐生”。这是正确又恰当的亲子关系。人类也是同样的道理，你的儿子一旦结婚，就走进了一个崭新的家庭。从此，他和妻子的关系才是最该紧密而牢固的，父母本就应往后退一步。

妈妈们心里都知道，这一天迟早会到来。但母爱的本能让她们无法放手，难以接受甚至想象眼前这个可爱的娃娃会离自己而去，于是抓得越发紧了。

但孩子就像一根弹簧，它有自己舒服的长度和自然的伸展方式，且拒绝任何人的强拉硬扯。育儿过程中，你越是使劲按，它越是往回弹。家长无谓的干涉与胁迫是一种愚蠢的行为，对孩子独立性的培养有百害而无一利。

育儿之路漫漫，父母们最后都想要一场盛大的庆功宴。但认真想想，父母如果不放手，那育儿就永远不会结束。这就像参加了一场重要的考试，却一辈子都不交卷一样。如此，这场考试是成功还是失败呢？

男孩拒绝沟通的真正原因

叛逆期免不了妈妈的苦口婆心和儿子的沉默不语。儿子小时候总是叽叽喳喳、蹦蹦跳跳，遇到事情恨不得一股脑儿全讲给妈妈听。但现在他突然不再激动，也甚少言语。跟妈妈在一起时，他像一只紧闭的贝壳，肉都在肚子里，但就是不再让你看了。

为什么孩子会厌恶并逃避与妈妈的沟通呢？说得重一点儿，这是因为他们不需要再跟妈妈沟通什么了——妈妈已经唠叨到了极致，儿子即使什么都不说，一天下来也够“听”一壶的了。

清晨一睁眼便是一阵数落：“这都几点了，还不起来？”紧接着是无限循环的催促：“去洗脸！”“书包收拾好了？”“别磨蹭了，快迟到了”……直到走出家门，儿子才能清静一会儿，但放学回家后面对的又是没完没了的唠叨：“作业做完了吗？”“校服随便一扔就行了？”“还看电视呢，关了它！”“怎么又发信息？给谁发的？”母子之间都不理解对方的“不容易”与“图什么”，只是母亲的无奈又多了不少。

妈妈们的苦衷是：“我不推他，他就不动啊。当妈妈的能就这么眼睁睁地看着吗？我忍不了啊！”

我也是男性，我实在不理解妈妈的这种“忍不了”。这种情绪就像一个年久失修的水龙头在肆意地释放它所有的积水。更可怕的是，她们会越说越生气，不停地添油加醋，到最后你会发现惹她们生气的已经不是最初那件事了。

我为大量的妈妈提供过教育咨询，她们中很多人对自己的过度唠叨和抱怨都是能自知的。但自知不一定能带来自制，怒火中烧时她们也只能说“我也不想，但就是忍不住啊”。

还有的妈妈认为这根本不可控：“这就跟走路外八字似的，我明明知道这是个毛病，也明白错在哪里，但就是改不了。”她们因为坚信“事已不在人为”，所以无奈任由自己的唠叨变成一种“顽疾”。

面对无法自省的妈妈，儿子也不愿再好好沟通了，便只得在不断的埋怨和催促中选择“沉默是金”。否则你说我一声，我呛你两句，争吵必定就会变成这个家的主旋律。

儿子沉默时的潜台词是：“我也有自己的想法。既然我们都不听对方的，不如就各让一步，都别说了。”无论妈妈是担心，还是好心，话说不到他心里，就都是白费心。且妈妈们切记，他早已厌烦了这种歇斯底里的苦心。

儿子不说话可能还有一个原因，就是男女思维模式的差异。女性参与讨论问题时，一般不会急于否定别人或强推自己的意见。她们总是耐心、温柔地承接对方的观点，用“就是啊”“没错”等短语来“顺接”对话。

有时说话的人明明逻辑混乱，只是在单纯地吹牛或发泄，她们也不介意，还能温文尔雅地一边说着顺接短语，比如“嗯嗯”“是的”，一边认真点头倾听。

但男性常见的思维和沟通模式是效率至上，以及有话直说，是一种“逆接”式的对话习惯。一旦发现说话的人前后矛盾、过度发散、逻辑混乱、证据不足，男性就会用“不对啊”“但是”等逆接短语打断对方。

小时候，儿子虽然对母亲的表达方式感到些许不适，但毕竟自己也没多厉害，所以只能忍着。但现在，他们已经形成了典型的男性思维，于是越发忍不下去了。

这只是男女差异，而非谁对谁错的问题。温柔耐心的沟通态度更可能是善良和优雅的具体表现，所以成熟男性并不会为此苦恼。但是，叛逆期的孩子还不成熟，看问题尚不全面，所以容易被当下的无奈和烦躁牵着鼻子走。他们或者选择大喝一声“烦不烦”，或者干脆装聋一了百了。

抓得再紧也抓不住成长

思考亲子关系时，我脑海中时常浮现出日本的国民漫画《海螺小姐》里的一幕。地铁的售票窗口前，站着一位年近八旬的老婆婆。旁边是她儿子，但一看就知道他也是中年人了。老婆婆对售票员说：“买两张票，一张成人票，一张儿童票。”

中年男子在一旁哭笑不得：“妈，我哪儿还是个儿童啊？”

老婆婆也瞬间窘得面红耳赤。

这一幕展示出有些大人对孩子无比僵化的印象，但现实中确实有很多妈妈十分留恋幼时的儿子。**她们拒绝或懒于承认儿子的成长，倔强地抚养着一个在她们眼中似乎不会长大的小孩子。**照顾孩子时，她们的很多观念和行为在经年累月的重复之后，形成了难以改变的思想和习惯。

日常的操劳带着一种自然而强大的惯性，麻痹了一些妈妈的感知力和判断力，她们忘了，那个小宝贝已经长大，早已不需要自己育儿嫂般的细致照顾了。比如妈妈会帮儿子悉心收拾乱七八糟的脏衣服，洗干净的衣服也是件件被叠好并整齐地放入衣柜。这些照顾的确用心良苦，但真的已经与眼前这个大男孩的身高与年龄格格不入了。

人总是难以挣脱桎梏，从客观视角评判并修正自己的行为。有太多当局者迷的困境，恰恰就来自这些“从来便如此，现今怎会错”的观念。

我想拿化妆举个例子，大家一听便会明白。

有些女性对多年前的大红唇风潮恋恋不舍，习惯成自然的她们不顾自己的五官、骨相究竟适不适合，直至今日仍执着地涂着夸张的大红色口红上街，并认为自己依然在时尚界的中心闪耀着。这就是惯性的魔力。

妆容尚是件见仁见智的事，而且只需观察他人的用色和搭配，或浏览一下时尚杂志就能明白是否符合潮流。可育儿这件事却封闭多了，如果母亲对孩子没有与时俱进的认知，通常身边也难有学习参考的榜样，所以可能在本应顺流而下时误以为要逆水行舟。只要没人提醒她，她可能一直在逆流中苦苦坚持，刻舟求剑般地维系着与儿子的联结。

解铃还须系铃人，妈妈自身的觉醒和调整非常重要。妈妈应主动观察，到了该改变的那一刻，就端正心态，潇洒放手。其实青春期的到来会伴随很多变化，只要我们留心就不会错过，其中最显著的表现就是儿子的叛逆。

儿子一旦开始逆反，就说明你的苦心付出已经成了他的沉重负担。妈妈不能再把他当成一个小宝宝来宠着或管着，从此刻开始就必须以全新的姿态去面对他了。

孩子终将在某一天实现彻底的独立并形成自我意识。那时的他反而能笑对母亲滔滔不绝的唠叨，明白妈妈眼中的孩子就是长不大的，所以不再跟妈妈面红耳赤地争辩。可惜叛逆期的儿子还不具备这样的眼光和胸怀。

道理大家都懂，但每每面对儿子一如既往的可爱面孔，责任感汹涌时，妈妈恐怕又会变回老样子。

到底要怎么做，才能真的从“新”开始呢？

第一步是学会客观地看待自己的孩子，明白他现在是谁。还记得先前的《海螺小姐》里，80 岁的老婆婆称中年的儿子为“儿童”的情节吗？妈妈眼里的孩子永远是个稚气未脱的小宝贝，但现在你必须时刻提醒自己。你记忆中的儿子和现实生活中的他是两个人。

第二步是理解孩子现在真正的需求，并依此来调整对待他的态度。

儿子的叛逆期开始后，妈妈再进行这种转向也不是不可以，但凡事肯定是有备无患。如果我们能从 10 岁（即小学四五年级）开始就主动转变思路，那么叛逆期就定能和风细雨、安然度过。

顺应自然规律，让男孩成长更自主

男孩 10 岁是道坎。我们再仔细看看，他们要迈过的是一道什么样的坎。

在男孩各种或明显或微妙的青春期变化中，有一个变化十分重要，那就是勃起现象。

有些妈妈吓了一跳：“我家宝贝也会这样！？”但在男孩蜕变为男人的过程中，它就是一段必经之路。女孩一定会迎来初潮，那么男孩也一定会出现勃起现象，这些都是成长途中的重要里程碑，家长无须惊慌失措。

一般来说，勃起现象最早会在小学三年级左右出现，10 岁以后会有初次射精发生。我之所以一直强调 10 岁是道坎，就是因为他们将要在这个年纪经历这个极其特殊且不可避免的变化。

每个孩子都有自己的发育节奏，有的孩子也许会稍稍提前或延后出现勃起现象。妈妈只需根据孩子的身体变化，逐步调整自己的养育方式即可。

在这里，我要给极少数妈妈提个醒：勃起是正常的生理现象，它不随外人意志而改变。所以，无论妈妈如何干涉和抗拒，儿子到了该勃起时都一定会勃起。

这个提醒听上去滑稽荒谬，但现实中，还真有妈妈敢向自然规律叫板。她们误以为身体发育也和生活、学习一样，只要自己上点儿心，就一定能“管”得住。殊不知唯独这件事情，妈妈们是不用管，也管不住的。

看到孩子有勃起现象，妈妈无须觉得惊慌失措。相反要注意，这是孩子在吹响青春期的冲锋号角了：“我彻底告别小孩阶段了，不需要你们再处处管着了！”

从此，有的男孩还会有很多令妈妈瞠目结舌的行为，比如自慰、偷看成人杂志、浏览成人网站，等等。但这其实都是青春期发育的副产品，很正常也很普遍，不必大惊小怪或忐忑不安。

我也是男性，在中学时也有过对性充满好奇和向往的时候。妈妈们问问爸爸就会明白，这些都是发育过程中的正常情况。

儿子已经变成“准”成年男子，那些孩童才需要的无微不至的关怀也将变成这个青葱少年的“紧箍咒”。妈妈们不必再追着他唠叨“先去洗澡吧，水一会儿要凉了哦”或“今天上学怎么样啊，跟妈妈聊聊啊”。你的辛苦，徒增儿子的厌恶。

既然这一切都是如四季更替般自然又必然的，那就无须再蚍蜉撼大树般去阻拦甚至扭转什么。

家长要站在客观立场，真实地看待孩子，把他当成有血有肉、不断变化的大活人，而非家长内心深处永远想去保护和留住的天真小宝宝。

不能再用孩童喜欢的方式，去对待一个已有勃起现象的少年。默默的守护胜过无谓的关心。

10 岁开始就要培养男孩的责任感

当儿子不再需要妈妈事无巨细的照顾时，那么接下来，他需要妈妈做什么呢？

妈妈心底大多还是有这样几个愿望的：一愿儿子茁壮成长，

进入社会后也有勇有谋、出类拔萃；二愿他邂逅佳人，家庭美满；三愿老后能有儿孙绕膝，几世同堂，齐享天伦。

逐条看看，是不是一切从第二条的“成家”开始就难度陡增？毕竟这是儿子和另外一个人的事，不是他一个人努力就能得偿所愿的。所以，儿子最终的幸福程度深受婚姻的影响。

如今，时代不同了，女性也能给自己撑起一片天。她们在社会的各行各业开天辟地、光芒万丈。很多企业已逐渐发现，有的女性员工和领导甚至比男性更加优秀、可靠。

女孩们完全可以实现各种自由，对于她们中的很多人来说：“自己一个人就过得很好了，为什么要嫁给一个不如自己的人？”如此，男孩结婚的门槛高了不少。

日本国家社会保障和人口问题研究所在 2010 年做过一项调查，当时的超龄未婚者（以 50 岁为年龄节点，若未结过婚则被调查定义为“超龄未婚”）的占比在女性中为 10.61%，在男性中则高达 20.14%！也就是说，每 5 名男性中就有 1 名单身。如果细看 30 ～ 40 岁的男性，那么 3 名里就有 1 名单身。这个世界上多少总会有男人结不了婚，但比例竟然如此之高，着实令人吃惊。

竞争如此激烈，可见修身之后也不见得一定能齐家。女性的选择自有其思量，但她们真正要的是什么呢？仅凭以前流行的“三高”条件——学历高、收入高、个子高，已经不能轻易打动女孩们的心了。

现代女性要求丈夫也能承担打扫、洗衣、烹饪等家务，所以男性不要再觉得有份收入就是为家庭立了功，挣钱这事儿男女都有份。以后的一家之主大概就是“内外都当得了主力，处处都能干”的意思了。特别是那些会带孩子的奶爸，相信必将成为，其实也已经成为女孩心目中的理想丈夫。

儿子到了 10 岁，就可以开始学做家务了。这些事情等到社会来教，真不如妈妈教。

妈妈可以循序渐进地让儿子学习房间清洁、洗衣收纳、做饭洗碗等日常家务。一想到这一切都是为了让儿子有一天能离开自己，妈妈心里便一阵酸楚。但别忘了前文的“人生三愿”，如果妈妈们还希望体验儿孙绕膝的天伦之乐，那就别对现在的自己心软。实践才能出真知、获成果。

当自己心软的时候，一定要狠下心来，对孩子说：“从今天起我就按你说的，把你当一个大人来看了。大人当然是自己的事情自己做。”看到他的房间乱得如同被飓风袭击过，也不要唉声叹气地自己出手帮忙打理。此时三十六计，等为上计，让他自己收拾去，否则就住这个“狗窝”好了。衣服脏了，妈妈可以帮着洗晾，但也就点到为止。收下来的干净衣服，等他自己叠好放进衣柜即可。

现在开始妈妈们要明白，最重要的是让自己从一个催促者变为引导者，让儿子有一天能自食其力、照顾好自己。怕就怕，妈妈的育儿方法也像前文提到过的“大红唇”，他人看着避之不及、自己涂起来也十分麻烦。明明早已过时，而且自己和别人都不舒服，但就是发现不了，也悟不通透。

妈妈
笔记
1

叛逆期儿子的那些“症状”

- 问他话时，回答多是“无所谓”“烦不烦”“累”“那又怎样”。
- 有时他干脆不回应，且喜欢一个人待在房间里不出来。
- 他开始厌恶你的劝说和干涉。
- 你越追问“你怎么能不理我？真的不跟妈妈说话了吗”越适得其反，他越不爱开口，宛如一只紧闭的贝壳。
- 他的秘密，你无从知晓了。
- 他能对你的唠叨忍一段时间，但最终有一天还是会如火山般爆发。
- 进入青春期后，儿子似乎满脑子“淫秽”念头。
- 他想交女朋友，但又总是蠢蠢笨笨的，怎么也处不好异性关系。

第 2 章

叛逆期男孩的教养智慧

10 岁，男孩关键期

男の子は 10 歳になったら育て方を変えなさい!

管住嘴，不啰唆

第 1 章介绍了叛逆期与成长的关系。相信父母已经能明白叛逆期只是男孩发育过程中的一环。历经这一环，会让他学会换位思考，或者站在客观、平等的立场理解父母，最后卸下防备，回归平和。这本就是理想而自然的行进过程，父母无须抵制或恐慌。

父母当然都希望这个过程能平稳、顺利地进行，所以未雨绸缪、有备无患很重要。这一章，我们就来看看哪些问题是一定要避免的。

以我多年的观察经验来看，有很多错误行为会把父母推向孩子的对立面，让双方在叛逆期中渐行渐远。**其中，最让孩子痛苦无助的就是那些焦虑型妈妈的苦口婆心。**

这样的妈妈着实是温良恭俭让的典范。她如保姆般事无巨细地打点着孩子的衣食住行。做饭、洗衣、打扫、收纳、上兴趣班接送，等等，妈妈通通亲力亲为。别说让他人插手，连孩子自己做，妈妈都不放心。

乍一看，我们很难指责这位“田螺母亲”。但是叛逆期的孩子早已不是个小宝宝了，他需要自己的空间和选择权。妈妈越是“无处不在”，孩子越感觉被束缚和控制。妈妈没有自己的生活，围着孩子转就是她人生的全部意义。光想想就让人无比压抑。

妈妈白天一直惦念着孩子在学校的表现，于是孩子一回到家，还没等他放好书包，妈妈的连环追问便开始了：“今天在学校还顺利吗？你是不是很累啊？怎么这样的脸色？发生什么不好的事情了吗？快跟妈妈讲讲！”

妈妈可能觉得这种关心很正常：“孩子放学回来，我都不能跟他搭句话吗？”可妈妈真的就只是搭了“一句话”吗？不妨回忆一下我们自己的学生时代。

校园也是一个“修罗场”。白天，孩子要上好几节需要专注的正课，课后还有自习或社团活动。孩子时刻都得打起精神，否则会因课业不及格或社团活动出问题被老师批评。

课间也不是让孩子完全放松的时候，好朋友间的开心打闹也可能引起争执和冲突。孩子的一言一行都少不了花心思。如此下来，辛苦一天，终于回到了家里，孩子真的没有心情再去应对新一轮的“拷问”了。

家的意义就在于让人放下所有的戒备，享受珍贵的放松与自由。当孩子终于在傍晚得到片刻喘息的机会时，他真的再也承受不起妈妈酝酿一天的盘问了。面对妈妈的关心，他能勉强挤出一句“不用你操心”就算很有耐心了。接下来自然而然地，他会直接回房间，一个人待着给自己“充电”。

孩子学习时，焦虑型妈妈也同样忍不住自己的关切，仿佛眼前已经长大的儿子还是小宝贝，不常常盯着他，他就要出错。于是妈妈的念叨又开始了：

“作业做得怎么样？有思路吗？”

“现在干吗做数学，你的语文不行，先把语文练好！”

“看看你的书写，太乱了。字得写工整！”

如果孩子没有反应，妈妈就更唠叨了。要是孩子还敢顶嘴，妈妈瞬间就会回击“我们不都是为了你好吗”，然后一阵委屈涌上心头。妈妈越是哀叹“这娃就是来讨债的”，母子间的争吵就越激烈。

在我的班里，常有孩子来求助：“老师，我妈真是无孔不入。有时候，就算我在认真学习，她也会突然冲过来挑错。但无论我怎么反对，她都我行我素。老师您帮帮我，让我妈消停消停，好吗？”到底有多少个这样愁眉苦脸的孩子找过我呢？我现在都数不过来了。

孩子其实很厌烦母亲的唠叨。

有些执行能力过人的妈妈如机器人般打理着孩子的学习，就差自己亲自下场“刷题”了。她们会事先为孩子准备好纸笔和练习册，然后全程陪坐在孩子身边。但凡发现孩子遇到难题，就立即伸手指导。事后还会悉心整理好各种资料、试卷，分门别类收纳妥当。

小学低年级的孩子也许真需要妈妈这样的辅助，但是一个五六年级准备小升初的少年就不需要这种关怀了，他们现在本就应该独立完成这些任务。但妈妈却停留在了记忆里，还是习惯性地事事伸手代劳。

儿子看到妈妈还是陀螺般地围着自己转，必然感到心累和逆反。从某种程度上说，他们反抗妈妈的溺爱，倒不失为一种觉醒或成长。

真正需要担忧的是一直依恋妈妈的孩子，事事心安理得地靠妈妈摆平，还不觉得自己的依赖行为有任何问题。这样的巨婴总想着“一切等爸妈搞定就好”或者“不怕，爸妈肯定有办法”。

他们抱着一辈子靠别人的心态走入社会，当然要被残酷的现实教育，然后经历越来越多的挫折……他们不会反思自己，只会把责任推给上司或不公的社会。想想看，如果妈妈自己成了这样的人，是不是该深刻反省，亡羊补牢呢？

我将在后面几章详细阐述该怎么培养孩子的教养和习惯。现在我们还是回到妈妈自己身上来，看看这些焦虑型妈妈还有什么问题。她们的另一个典型特点就是，喜欢说一些没用的话。

男性（不只限于孩子）都讨厌在马上要行动时，被别人刻意的提醒打断。“我自己有数”是一种昂扬的姿态和自信，他们非常不希望被曲解或否定。比如儿子看够了电视，正打算关掉它去学习时，妈妈突然说“你还打算看多久？能不能有点儿自制力？去把作业做了啊”，孩子便兴味索然了。再比如，某个清晨，儿子正在慌乱中洗漱收拾，他自己也知道时间紧迫，所以十分用心地提高效率。但妈妈冷不丁的一句“再不抓紧可就迟到了啊”，就让人厌烦了。

焦虑型妈妈没有安全感，事事都要亲自盯着才放心。对此，妈妈要做的就是克制，克制自己说无用的话的习惯，克制自己不去观察孩子就先下结论的习惯。

妈妈开口之前，不妨做一次深呼吸。先问问自己：这句话真的非说不可吗？

常常有这个“三思而后说”的动作，那些冲动说出口的废话就能大大减少。孩子抱怨“你烦不烦”的次数也会直线下降。

还有一个行为在焦虑型妈妈身上也很常见，就是对孩子的课后活动唠唠叨叨、点评不休。其实孩子对自己选择的活动大多是足够用心的，并不需要妈妈从旁指点。

比如妈妈去给儿子的棒球比赛加油，但不巧他的表现糟透了，在击球区连连三振，整支球队也败北。猜猜看焦虑型的妈妈会有什么反应。

她八成会忍不住情绪，把孩子训斥一顿：“你今天这个状态真是太差劲了啊！注意力完全没集中嘛。三振出局还满意了？怎么就不能再努力一点呢？”

孩子肯定会不屑加不服：“你什么都明白，你怎么不去打呢！”

妈妈如果对棒球比较熟悉，比赛后就开始指导孩子：“你看看，当时你就不该去管那个内角球啊……”虽然妈妈讲得头头是道，但孩子就不那么舒服了。毕竟他有专业的棒球队领队或教练的指导，并不需要妈妈事后分析。

这种时候如果非要说点儿什么，一句鼓励就好：“加油！咱们下次一定赢！”孩子知道自己没打好，知道连累了球队，心里已经消沉失落到极致了。妈妈的一句铿锵有力的鼓励温柔又有力量。

乒乓球选手福原爱就有位严厉的妈妈。妈妈要求福原爱每天都要做到连续接球 1 000 下，一个都不能少。但当福原爱在正式比赛中落败时，妈妈不但不会苛责她，反而还会鼓励一句：“没关系，还有机会。下次加油！”

宠爱男孩要有分寸

俗话说，父母对待儿子和女儿的理想态度是一碗水端平。但仔细看看我班里学生的家庭，总让人感觉妈妈对儿子的爱要特殊几分。我家有一儿一女，妻子对儿女的态度也不同。

我很肯定，这并不是重男轻女。不过，妈妈给孩子们的爱在量上固然是相等的，在质上却隐隐有差。

妈妈对女儿容易有一种类似于闺密的情感，对儿子则可能产生一种“恋人”般的投射。不仅对儿子管得更严，关注也更多。

女性天生就善良又能干，关怀他人是一种本能和天赋。她们习惯也擅长通过照顾对方来表达自己的爱。

妈妈们想想看，是不是这个道理？当年，自己只要看到男朋友乱七八糟的房间，就立刻撸起袖子开始整理，还要把脏衣服洗净、晾好，甚至还会顺手把饭也做好。那么妈妈们帮儿子收拾房间时，有没有可能也是在用辛勤行为表达亲密呢？何况儿子是“自己身上掉下来的肉”，所以妈妈们在“恋人”般的投射之上，还生出一种天然的占有感。

丈夫和儿子中，能让妈妈每天早晚都去玄关相送和迎接的肯定是儿子。别管手头有多少活，妈妈都不愿意错过这个充满仪式感的瞬间。对儿子，妈妈是尽心尽力、无微不至。

儿子越来越被“富养”，这与当今的少子化现象密切相关。如今日本人越来越不愿意生孩子了，新生儿出生率一路走低，还救无可救。2018年的调查显示，女性的平均生育率已经低至1.42（平均每位女性一生只生育1.42个孩子）。

多年前，几乎家家户户都有五六个孩子，每个孩子能独占到的父母的关心少得可怜。那时的经济和科技水平也无法与现在相提并论，没那么多智能家电来节省大家的家务时间和解放大家的生产力。全职妈妈每天忙得晕头转向，根本没时间关注每个孩子“有没有做作业”或“要不要洗个澡”。

现在，妈妈们终于不再需要为了一大家子的吃喝拉撒而时时殚精竭虑了。独生子女家庭越来越多，所以往日里需要兄弟姐妹们分享的重要资源——妈妈的爱，已经不那么稀缺了。爸爸每日加班，应酬不断，家里常常只有母子俩，妈妈对孩子的依恋与掌控欲越来越强。

不过，孩子就是孩子，他不是妈妈的“爱情副本”。我要再三强调，妻子更应该去爱的人是自己的丈夫，而不是儿子。

如果你发现，自己的关心已经成了儿子在叛逆期的不能承受之重，就及时调整方向吧。把你的爱和柔情都倾注给丈夫即可。

对于中年夫妻，这可能只是种理想。如果实在无法再燃烧起对丈夫的激情，那不妨就“追星”吧！

我期待大家能把儿子从恋人投射中释放出来，尤其在儿子的叛逆期更要如此，帮亲子关系松松绑、卸卸包袱。

万里长征，我们也不过迈出了两小步。事情不可能这么顺风顺水。在转变思路这一课上，到底还要下多少功夫呢？路漫漫其修远兮，下文再继续分析。

抓大放小，合理期待

焦虑型妈妈把叛逆期越搞越乱、越抓越死的重要原因，就是她们的过度监控与管理。反之可推，对于她们来说，只要抓大放小，对细枝末节睁只眼、闭只眼，就能减少大半的杀伤力。这也是妈妈们疗愈儿子叛逆期带来的伤痛时，最有效的靶向药。

很多事情，已无须每日再苦口婆心地一一盘问了。孩子在学校过得怎样，学习进度又如何等，交给他本人操心就好，妈妈大可放手。

“面对青春期的孩子，大人要收住手，但要睁大眼。”这句老话真有大智慧。此时的孩子需要的是父母给的守护而不是干涉。把握这个分寸，妈妈也就能少些困惑和辛苦了。

妈妈可能会担心：“这不就是让孩子把秘密藏住，不告诉家长了吗？”是的，我就是希望孩子能有且藏得住秘密。秘密本身并不一定可怕，它甚至还是自我意识的象征。每个人都有自己的秘密。心理学家荣格还在自传里说过自己小时候偷偷把娃娃、石头等东西藏在阁楼里的事情。这些秘密宝藏就是他自我意识的象征。大人非把它们挖掘出来，又有什么意义呢？

当然，妈妈们的担忧也不无道理。有时候孩子确实会隐瞒过错甚至撒谎，如偷砸了邻居家的玻璃、悄悄抽过烟等。这些事情实属“子不教，父之过”的范畴，不能不管。另外，校园霸凌也常是亲子沟通中被隐瞒的内容。霸凌的一方当然要极力隐瞒自己的过错，但有时候被霸凌的一方也出于面子或恐惧，不敢跟父母说实话。这种极端情况下，父母的大力干涉是极有必要的。

但除了隐藏过错和校园霸凌以外，其他的事情在我看来就都可以抓大放小，家长不必插手。

话虽如此，但焦虑型妈妈还是无法轻易放手。真要对孩子不闻不管，她们心里恐怕会空空落落又忐忑不安。面对这种情况，妈妈们可以给自己打造一个妈妈圈情报网。

老读者可能会回想起我之前讲过的话：“妈妈圈子里的信息不可全信。”不过要注意，这是我针对给孩子选择补习班或特长课而说的。学科补习和特长训练是一件需要慎重对待的事情，首先要考虑的是孩子的偏好和感受，所以不能人云亦云地做选择。但如果我们只是为了打探学校里发生的事情，询问的是客观消息，那么妈妈圈的信息就是重要情报。

妈妈圈里特别有战斗力的就是养女孩的妈妈们。女孩们即使在青春期也愿意和妈妈聊天，学校里的大事小事都是亲子间的好话题。所以，女孩的妈妈们对“校园情报”简直尽在掌握。

另外妈妈们还可以频繁去学校“实地调研”。听到这，妈妈们可能会大吃一惊：“你不是说要管住自己吗？我们顶多也就在学校开运动会或者家长会时才去，平时如果总是没事找事地往学校跑，不是更让孩子反感吗？”没错，我们要的就是没事“找”事，但凡找得到去学校的理由，那就不是去打扰他，更不会让他厌烦，只是这事要找得巧、找得好才行。

妈妈们可以积极参加家长委员会的工作，很多时候为了与其他家长联络或打印、分发资料就不得不去学校。这又不是为了孩子专门去，还轮不到他厌烦。但“来都来了”的道理谁都懂，“顺便”观察一下孩子的状态、偶遇班主任时“随口”问问最近的情况并不过分。如此一来，妈妈即使不是社交小能手，也能通过家委会的网络，铺开自己的人脉网。如果多认识几个女孩的妈妈，就更如上文所说的那样，让消息尽在掌握中。

当然，妈妈们万万不可把打听来的消息得意扬扬地跟孩子炫耀，更不能将事实和证据甩在他面前，像警察一样逼他“老实交代，坦白从宽”。这么做孩子肯定会受不了的。

做好倾听，包容男孩的想法与感受

让一个叛逆期的孩子变成“哑巴”只需要做一件事，那就是时时逼他说话。但如果想让他敞开心扉，也只需要做一件事，那就是好好倾听。如果父母懂得倾听，孩子是愿意向父母靠近的，亲子间一样能无话不谈、亲密无间。而当父母誓与孩子争个高下，一定要孩子臣服于自己时，他便瞬间变成一只紧闭心扉的贝壳，紧紧扣着自己大大的壳。找到正确打开孩子心扉的方法，一切沟通问题就能烟消云散，亲子谈心水到渠成。

要成为一个倾听高手，首先要学会的就是找准搭话的时机。前文里提到的孩子刚回到家的一瞬间，肯定不是个好时机。像门神一样地守在门口，孩子一回家就跟他发牢骚，他还怎么跟你交心？

孩子每天刚回到家时，妈妈要做的第一件也是唯一一件事情就是笑着说一声：“儿子回来啦！”仅此而已，再重要的事此时也得憋住，等他换完鞋、衣服，收拾妥当后，另找时机再问。

回想一下我们在高级度假村享受到的迎宾体验。大堂经理面对的客人林林总总，有的一家人欢天喜地来度假，显然他们比较好相处，但难免也会有“今天我看谁都不痛快，谁也别想痛快”

的挑剔鬼。大堂经理虽然不知道各位宾客到来前的心情，但总能用最专业的态度一视同仁地欢迎所有客人，恰到好处地让每位客人都如沐春风，绝不顾此失彼或欺软怕硬。其实，通常，一杯热茶配上少许甜品，再来一句“旅程辛苦了，请您慢用”，大堂经理即可退下了。礼仪周到，但也不会过分打扰。

与儿子沟通也是类似的道理。青春期的男孩总是吃得不少，但消耗也快，每天放学回到家时都饥肠辘辘。妈妈此时可以准备好点心，先温暖他的胃：“我今天买了蛋糕，要不要尝尝？”谁不喜欢美食呢？等他口腹满足了，压力释放了，这才到了“套话”的时机。他再逆反，也不至于一边吃得称心如意，一边跟你争得面红耳赤吧。

除此以外，还有很多品尝美食加畅聊的好时机，比如晚饭后的甜点时刻、节假日全家一起外出享受大餐时，等等。但要记住，他好不容易被美食打开的心扉着实珍贵，我们千万不能假装温柔，趁机说教或唠叨。如果在这些本应促进互信的时刻滔滔不绝单向输出，就又回到起点了。

好的亲子间的对话方式，可以向访谈节目学习。

杂志或电视的访谈节目里，沟通双方一定会分别扮演倾听者和受访者的角色。倾听者要用真诚谦逊的倾听姿态启发对方，让受访者活跃甚至兴奋地参与沟通，不断提供有趣或有用的信息。访谈的最后，双方应该是依依不舍，意犹未尽的。倾听青春期的儿子说话也是同理。

关于做一个优秀的倾听者，这里有 5 点具体的建议跟大家分享。

给话题预热

任何一个专业的主持人都不会在访谈伊始便给受访者抛出关键问题。有时候，主持人希望开场一秒就能问到对方心里去，但结果往往事与愿违，受访者多半只会回赠一段时间的沉默。传播界的常识就是先预热，再深聊。无论聊天的议题是什么、主持人想从受访者嘴里套出什么话，一开始都要拉近双方距离。这就必须用温和的小问题来开场。

正确的做法是：先用家长里短投石问路，确认受访者情绪已经到位后，再进入核心议题。一场聊天本应宾主尽欢，千万别搞成“短兵相接”。对话时也要了解对手的情况，不贸然出大招。

说回家庭聚餐的场景。如果我们想跟孩子边吃边聊，那不妨从天气或新闻说起。儿子对妈妈的敌意不可能大到你的一句“今天可真热啊”就把他激怒，不耐烦地回你“别烦我”。

让孩子主宰话题和节奏

我们要记住自己是个倾听者，所以开场之后不要喧宾夺主。一场对话中，如果一方自顾自地倾倒观点，那么沟通肯定难以持续。攻击性太强，或套话套得太明显时，儿子当然也会排斥，妈妈就什么也问不出来了。所以，提问的一方必须克制。

亲子间的对话也是一样，最好让孩子去选择聊什么、聊多少。

放松时，他才可能放下戒备，坦诚倾诉。父母也才有机会自然而然地听到他真实的想法、平时不易袒露的心声，甚至藏在内心深处的秘密。

响应要及时，反应要强烈

对话是交互的活动，恰如打球，你来我往才有趣。儿子好不容易开了口，妈妈却反应平平，他的分享欲便瞬间减半。当儿子渐入佳境时，肯定会滔滔不绝。此时，我们就可以用夸张激进的语言来回应他。

男孩的关注点常常天马行空，找到一个能认真听他侃侃而谈的人不容易。他如果从你身上找到了知音的感觉，那么一定会与你惺惺相惜，对你心扉大开。

不要打断话题

儿子对父母的真诚相待，想换来的是父母的平等以对。所以，谈话过程中不要给他泼冷水，打断话题。请把你想抖的那些小机灵、想发的那些小情绪通通收起来。尤其是父子对话，不要让儿子听到：“这个想法可太蠢了，哈哈哈！”“那不是很容易的吗？你也能错？”

孩子不可能靠父母当场的一两句挖苦讽刺的话就变好。父母要做到的是前面 3 点，而不是给他施压，让他从此又再难开口。

父母的问题放到最后

父母如果按捺不住，确实有想说或想问的话，那什么时候才能开口呢？当然是越靠后越好。孩子还没倾诉到位时，父母便开始激烈说教，结果便是一方滔滔不绝，另一方沉默不语。想说的孩子不会听了，想问的他也不会再答了。但如果先让孩子聊通透、说过瘾，自然愿意给父母说话的机会，父母此时再开口，便能事半功倍。

我们还要知道，孩子的注意力是有限的。父母即使等到了时机，也要言简意赅，适可而止。特别是表达建议或提醒时，一定要点到为止。父母絮絮叨叨地说半天，孩子也只会记住个开头。我们放在后半段的那些金玉良言，都成了他耳旁的无聊噪声。

但有些家庭议题确实重要，如填报升学志愿。此时，孩子和父母就必须一起认真地讨论。父母可以跟他约定一个时间，让孩子先整理好信息，做好心理准备：“儿子，关于志愿填报，咱们要好好聊聊。你想在什么时候聊？”

跟自己孩子说话还要预约？太小题大做了吧？但男孩真的是

点子多，忘性大。他们的确不大擅长时间管理，所以父母才要定好时间和讨论的主题，让男孩先心里有数。他知道“这事逃不掉了”，便会做好思想准备，老老实实地参与沟通。

但我再强调一次，无论面对多么重要的话题，父母都不能搞一言堂，不顾孩子的想法。眼前的问题再重要，也要营造氛围和机会，让孩子多说、多表达。

说回志愿填报这件事，父母和孩子常常在这个问题上意见相左。我们先让孩子讲他的想法，主动去了解孩子心目中的好学校到底好在哪里，然后再分享我们自己的观点。最后双方一起看看，有没有两全其美或折中的方案。

父母打开耳朵、管住嘴，孩子才会敞开心扉、张开嘴。

正视叛逆，不粉饰太平

前文已反复说过，叛逆期是成长途中的一段必经之路，家长无须恐慌，更不用强行压制。但我也提到过，有些男孩竟然可以没有叛逆地长大。

我身边就有一例这样的成长典范。我的一位好友只有一个儿子，常人想来，他儿子必是集妈妈的百般宠爱与无限关注于一身，必定会因为被过度干涉而反抗。但事实是，这个孩子完全没有叛逆期，他从不刻意疏远父母，更没有过对抗或挑衅的行为。他现在已经参加工作，是一个非常独立又优秀的年轻人。

这个“奇迹”的秘密就在于好友和他妻子的教育观念。在这个家里，孩子从来没有被过度干涉和施压过。在父母眼里，他一直就是一个准大人，甚至很多时候就是被当作成年人来对待的。

一般家庭成员交流去哪里旅行时，或许也会形式化地问问孩子的意见，但甚少当真。他们家却是真的一家三口聚在一起，热热闹闹地讨论去哪儿、怎么去、玩什么……每个环节都有孩子的一份意见，他们从来不忽视孩子的感受。他们也重视生活礼仪、道德规范，会在这些方面耐心地教育和督促孩子。所以，他家儿子虽然获得了自由和尊重，但并未因此变得飞扬跋扈、嚣张傲慢。总之，家里大大小小的事情他们都会考虑儿子的需求和感受。

叛逆期的根源就在于孩子希望“大人也把自己当成大人看”。但如果孩子生来就获得了这种待遇，那么就没有叛逆的必要。

我朋友一家就堪称这个道理的实践典范。

那么是不是只要孩子不叛逆，一切就皆大欢喜了呢？家长要不要干脆逆来顺受、迎合孩子，让孩子在青春期“挑不出大人的错”，从而把叛逆期消灭在萌芽期呢？当然不能！这种家庭的孩子也许表面上能风平浪静地长大，但家长如果卑躬屈膝到如此地步，就是对自己身份和责任的逃避，是调换了彼此的位置。

有的家庭生怕孩子有半点儿不开心。儿子招待来玩的朋友时，父母只卑微地把点心和饮料放到儿子房间门口便走，全程畏首畏尾，连露面打个招呼的勇气都没有。父母生怕自己一不小心就摆了大人架势，招孩子反感。表面上，父母是把孩子要的空间和自由给足了，让孩子自己成长得尽兴了。但本质上，这并不是把孩子当成大人在对待。这只是一种以讨好换“和平”的“绥靖策略”，是变了形的操控，结果注定适得其反。

这种家庭的儿子生来就习惯岁月静好，从不考虑谁在替自己负重前行。他确实没什么好叛逆的，但长大后却一定会被社会教着重新做人。他或者变成一个终生嗷嗷待哺，又没什么人在乎的“妈宝”；或者变成一个抱负很高，但能力垫底，处处逞强好胜，又懒惰脆弱的无能者。

轻重有度，张弛有余，才能处理好叛逆期的亲子距离与关系。父母若一味在惶恐中讨好孩子，把日子过得如履薄冰，就真的会养出一只温室中的老虎。

该说的要说，该教的要教，但该给的尊重和空间也要给足。既不威逼胁迫，也不掩饰矛盾，让孩子获得真正的自信、自立与自理能力才是正解。

妈妈
笔记
2

叛逆期妈妈的那些“症状”

- 对于任何一件小事没能如意，就坐立难安，焦虑躁郁。
- 认为当妈就是要操心，所以坚信自己操心越多，孩子教育就越成功。
- 觉得“儿子就得有男孩样，坚韧阳刚才是正道，千万别娇滴滴”。
- 觉得“儿子永远都应该依恋我、喜欢我才对”。
- 儿子再乖、再懂事，也不放心让他独自去做什么，更别说独立生活。
- 喜欢用“你看看自己”和“我就说嘛”来对儿子“兴师问罪”。
- 总打断儿子的话，然后一锤定音，终结交流。

第 3 章

让男孩有教养

10 岁，男孩关键期

男の子は 10 歳になったら育て方を変えなさい!

与人共处的自觉性

叛逆期的男孩也是孩子，生活中依然有太多需要向父母学习的常识、规范与界限。

这其中最重要且最基本的就是，让他明白我们都是“群居动物”。群居动物就要讲规矩。在同一个屋檐下，没有任何人有绝对的权力。谁都不可以越过规则，为所欲为。大家共同的自律才能换来每个人最大的自由。

他如果和朋友同住，就必须懂得如何维护公共空间的整洁。在客厅、厨房、卫生间等地方不可以乱扔垃圾，用完公共空间后不可以甩手便走，懒得打理。

家里也是同理，因为家人也是在一个屋檐下同住的人。不能因为大家有血缘关系就忘了规矩，任由他胡来。

可惜的是，在生活中，妈妈对儿子有太多忍让甚至是纵容：儿子吃完饭后把碗一放，起身就走；回家后随便蹬掉鞋便进屋，从来不会转身摆好鞋子；用过的厕所脏兮兮、湿漉漉的，也懒得打理……

看着儿子这些行为，妈妈怒从心生。这些行为如果是在跟人合租时出现，他可能会被排挤，但放在自家环境中，却变得稍显无礼但也无伤大雅。妈妈顶多气呼呼地嚷一句“你也太不像话了”，然后起身帮他收拾。

对于儿子来说，反正妈妈会搞定一切，自己事事都可以当个甩手掌柜，真是逍遥快活。但这样的称心如意真的能帮他学会与人共处吗？能让他掌握生活技能，将来独立居住时照顾好自己吗？

我们在第 1 章里说过，儿子进入叛逆期后，妈妈们要转变思路，不再把他当小宝宝去呵护和照顾，而要把他当成别人将来的丈夫来培养，让他想结婚时有结婚的能力。培养结婚能力的第一步，就是让他有共同生活的自觉性。

教儿子把眼下的家庭生活当作未来成年生活的实习期，通过在家里的练习和彩排，让他具备与他人共同生活的能力。这项训练对他的一生都将有深远的影响。

这项训练的第一步就是要让儿子明白哪些空间是公共空间。

在幼时的儿子眼里，客厅和厨房等都在“家”的物理范围内，仿佛是自己儿童房的功能性延伸。他们很难主动在这些公共空间和自己的个人小屋之间划出一条界线，所以习惯性地忘记将用过的东西归位。

这种模糊的界限感可能也源自日本的居住习俗与住宅设计。

有很多家庭在孩子幼时都是选择全家同睡的。通常要等到孩子进入小学后，父母才会分配一间正式的儿童房给孩子。更别说有的家庭会一直打通铺，哪怕孩子都进入青春期了，也还是和父母一起睡。这是日本的习俗，不见得是件错事或坏事，但它的副作用就是很难让孩子对公共空间形成清晰的认知。

欧美父母的育儿方式很不同，他们常常在孩子很小的时候就准备好了独立的儿童房。孩子无论怎么哭闹号叫，都必须在自己房间睡觉。小朋友们从小就懂得区分“可以在公共空间”和“必须在自己房间”度过的时间，所以自然而然也能区分公共空间与个人空间。

孩子有了公共空间的意识后，下一步就是学习在公共空间里的规则与礼仪，比如：

- 客厅里不放置个人物品。但凡把个人物品带到客厅，使用后就必须自行归位。
- 就餐时和就餐后都要保持餐桌整洁。吃完饭后，要记得把自己的碗筷放入厨房洗碗池，不能把碗一搁便走。如果有面包屑等撒在餐桌上，要自己清理。

- 用完洗漱间和洗澡间，要将瓶瓶罐罐归位，并把自己掉落的头发打扫干净。
- 使用卫生间后，要自己打扫干净，不能给别人留下污秽。

这些事情并不难，本质是希望大家能互相照顾，每个人都开心。使用任何一个物品或空间时，我们都要考虑下一个使用它的人会有怎样的感受，我们自己的行为不能让别人感到糟心、恶心。可以说，这是一个人起码应该遵守的道德准则。

妈妈看到乱糟糟、脏兮兮的餐桌或洗脸台时，肯定也很厌烦吧。

你忍不住大吼“这是什么德行啊”，但接下来也只能劝自己一声“算了算了，自己生的”，然后撸起袖子收拾起来。

孩子知道怎么在家里维护公共空间的整洁，自然就不会在街道和公园等地方做出乱扔垃圾等不道德的行为。当他知道家里的厕所该怎么合理使用时，就知道公共的卫生间该怎么合理使用。

结婚后，他当然也不会变成一个邋里邋遢的丈夫，让妻子动不动就大吼：“你太邋遢了吧？！”

自理带来自立

第一步我们教孩子学会公共空间的使用方法，第二步就是教孩子学会自理。所谓自理，简单说就是自己的事情自己做。妈妈可能笑了："这是自然啊！他也不是幼儿园的小宝宝了，肯定能做很多事情了。"

那么我来问问：这些"很多事情"到底有多少？他的脏衣服是谁在洗和收纳？他的碗筷又是谁在洗？

大多还是妈妈在操心吧，或爸爸妈妈共同分担，但多半不会是孩子在干。儿子主动想帮忙时，妈妈恐怕还会推辞："这些事儿哪需要你管？赶紧学习去。"

你真的抓对重点了吗？

我想再聊聊结婚这件大事。都 21 世纪了，如果一个男人打完高尔夫，还妄图把臭汗淋漓的运动衫扔给妻子处理，那他得赶快让自己醒悟才行——当今世界男女平等，家务和育儿需要夫妻双方共同分担，谁家姑娘都不是从小就按照将来要伺候"巨婴"丈夫的标准来培养的。

男孩如果从小到大连件衣服都洗不好，甚至压根就没洗过，他该怎么经营婚姻生活？谁会希望从婆婆手里接过来一个完全不会做家务的丈夫，自己做牛做马任劳任怨地服务一个跟自己差不多同龄的人？

琢磨一下这个道理，我们就会明白为什么叛逆期的孩子也一定要学会自己的事情自己做。从长远看，父母现在的心疼和代劳会害了他。

教育的核心就是调整方向，改正错误。对叛逆期的孩子，我们本就不该是忍耐，而是教育。让他养成好习惯，改掉坏习惯，是必须要做的事。

不要拖延，再难的事分成两步走就好。第一步，告诉孩子：“从现在开始，你自己的事情要自己做了。”第二步，让他执行第一步。

比如洗衣服这件事，就应该让儿子做到全程自理。如果为了节水节电，全家的衣服是要集中洗的，那么可由父母代劳洗衣和晾晒的环节。但收下来的干衣服可以放在儿子房间，让他自己折叠并归位。

万一再看到儿子把一身臭汗的运动服投进脏衣篮，并大言不惭地说：“这衣服明天帮我洗掉哦！”妈妈一定要干脆利落地说不。他自己要练体育项目时，当然应该由他亲自打点好运动前后的一切事务，包括后勤。缺乏大局观和管理能力的孩子，运动水平也精进不到哪儿去。

打扫房间也不例外。不要再给他提供物品归位、地面吸尘等一系列酒店式的服务了，谁的房间谁维护就好。

清晨的叫醒服务也该退出历史舞台了，这么大的孩子定个闹钟的能力应该是有的。

还有，他若忘了带东西或资料去学校，就必须自己想办法道歉和弥补。别让孩子觉得："反正打一个电话，妈妈爸爸就会送过来。"

万一他睡过头了怎么办？那就让他迟到。万一他因为现在缺的这份材料，就真赶不上某个重要的截止日期了怎么办？那就让他真赶不上。实践中得来的教训最深刻，撞了南墙才会知道痛。这次痛过，下次就知道不能再撞了。

最不可取的方法是，父母慷慨激昂地说道理，仿佛画出了一条钢铁般的底线。但在实际执行中，还是屡屡败下阵来。心一软手一松，便又"不管不行"地去帮宝贝儿子救火和善后。

父母以为自己好歹得让孩子下得来台，但其实只能让他学会一遇到困难或闯了祸，就只会依靠父母的紧急救援。父母不可能管他一辈子，像这样永远无法自立的孩子做什么工作都长不了，而且很可能一步步地把自己的人生路越走越窄，直至四面楚歌、一无所有。

有些操心惯了的妈妈可能会说："道理我都懂，但有时又实在是忍不住想看看他的情况，这一看就……"那么我建议这样的妈妈去培养一个完全属于自己的爱好。

拿我自己来说，发现儿子进入叛逆期后，我就放弃了对他的“改造”，转而投身于各种中年大叔的爱好里。我开始在阳台上种蔬菜、养鹌鹑，如果实在太闲了就带着自己的学生去野营。

父母首先要用有意义的事情填满自己的时间。孩子一看“完了！他们是真的懒得管我了”才会生出危机感和自驱力，开始明白并践行“自己的事情自己做”的理念。

比起天天被育儿任务牵着鼻子走，操劳还不讨好，上面这种生活方式要来得充实、幸福得多。

三个锦囊应对“不听话”

儿子不听话，是叛逆的定义之一，也是叛逆期的典型特征之一，父母口中的道德伦理、教养规则，在他的冷漠或暴躁面前不堪一击。总之，儿子不听话的时候就是不听话。

对冷漠型的儿子，家长有个战略叫作“以牙还牙”，妈妈完全可以用冷漠回应冷漠。妈妈也放下慈爱的微笑，露出冰冷坚硬的一面，并用陌生人的语气和儿子说话。儿子反而会纳闷：“怎么回事？我妈出什么问题了？”

男性的天性就是用逻辑分析问题，必须找到现象背后的原

理。一向把自己捧在手掌心里的妈妈，突然把自己晾在了一旁，这让儿子整个人都吃了一瘪。这个滋味并不好受，他一定要抽丝剥茧找到缘由才行。

他分析之后定能发现原来是自己态度失礼或者行为有失分寸了。妈妈的话还是愿意听的，于是他多少能自我调整一下。

“够了啊”“闭嘴吧你”“神经病”……

对这种爱说粗话的儿子，妈妈们就要好好观察，不要轻举妄动，权且把这些刺耳的吼叫当作他暂时性的口头禅就好。

很多育儿书（包括一些教科书）都会严肃地警告：“语言暴力也是一种暴力，家长不可听之任之，而要保持清醒冷静但严肃坚决的态度，训诫孩子，令其改正，且绝对下不为例。”但它们都忘了叛逆期的孩子是不听话的，你对一双“关闭”的耳朵说什么都没用。还不如用无视表达训诫，让他把拳头打在棉花上。

我还有一招撒手锏送给妈妈们，就是情感攻心法。

女性有一个独特的沟通武器，就是能用激烈的言辞和情绪来表达观点，而没有任何违和感。

当情绪激烈时，妈妈不用再抑制自己，想喊就可以喊：“我为什么要忍受这样的儿子？我做错了什么？”而且想跑也可以跑，冲出家门，突然消失，来一场家务大罢工也未尝不可。

男性天生就无力承接女性的情绪爆发。那一瞬间，他的感受一定是挫败和狼狈的。且家里的整体氛围也会变得压抑、沉重，儿子不免在心里劝自己:“算了，不值当。我以后还是别这样了。”

但要注意的是，凡事过犹不及。这种方法可能损坏自己在儿子心中的形象。所以，要抓准时机，把绝招用在关键处。另外，这既然被称为撒手锏，就不是随时随地都能用的小招小式。用得太过频繁，有效度就会降低。

平时用冷漠对抗冷漠，关键时候才拿出绝招。对症下药，双管齐下，才能事半功倍。

还有一种暴力型的儿子，行为就更嚣张了。他们会猛砸东西，或对着墙一顿挥拳，甚至把墙打出坑洞。父母一定会揪心，这孩子现在就能在家里使用暴力了，以后怕不是得违法犯罪？

其实不用担心，这些也还是青春期的正常表现。不信去看看那些初中男生的房间，门上、墙上大多有一两个大洞或一两条大缝。

他们有太多发泄不出去的怨愤和满足不了的欲望。朋友间的嫌隙、学业上的压力、对未来的迷茫……甚至有时他们还会误伤好友，带着自责和郁闷情绪回到家里。但这些跟父母没关系，父母完全不用草木皆兵。

这是孩子自己的问题和负担，他们应学会自己去面对和消解，这也是这颗年轻的心在成长途中必上的一课。

控制自己的情绪也是自律的一部分，但现今的父母们对此却不怎么上心，于是孩子对自律也越发淡薄了。

看着儿子这副手劲大、心劲狠的模样，面对伤痕累累的墙壁和物品，父母肯定心急如焚。仿佛孩子已处于悬崖边缘，危在旦夕了，但自己又不知该怎么帮他才好，生怕一不小心就适得其反。但请放心，只要他没发展到自残或用暴力攻击他人，一切就都可控可治，未来可期。

呵护男孩的活力

我的班里汇聚着各种独特的孩子，但其中有些孩子能让我这个教育老手也束手无策，他们就是那些绝不说话、毫无生机、反应冷淡的孩子。

他们不仅仅不理我，还不理其他任何人，包括朋友和同学。课堂上我哪怕点名让这些孩子回答问题，其反应也是极尽冷漠和疏离。有时让他们点个头或回我个微表情都是奢望。没有互动的课堂还算什么课堂？

我试图去寻找原因，猜想他们是没听懂问题的意思。但翻翻这些同学的笔记本，发现他们把各个知识点写得明明白白。于是我感觉他们似乎是刻意开启了一种沉默模式，不管他人说什么，一概是“已读不回”。

我继续探索，终于发现了他们身上的一个至关重要的共同点——都有一位极度关心、过于体贴的妈妈。

她们能预判儿子所有的需求：儿子把杯子一伸，妈妈瞬间就把冷泡茶倒进去；儿子把饭碗一推，妈妈马上就知道是要添饭。儿子真的不用开口沟通，妈妈就能帮他判断并解决一切问题。我们之前说过，照顾他人是女性的本能，那么这些妈妈的本能堪称绝佳。

她们也知道孩子要说的一切，并能提前给出反馈，但给出的反馈基本都是“这还用说”以及“得了吧你”。儿子放学回到家，想跟妈妈聊聊学校的趣事，但刚一开口，妈妈就应道：“这事儿我知道，某某同学妈妈早就告诉我了。”儿子灵光乍现，有个奇妙的创意或笑话，于是兴冲冲地说出来想逗妈妈一乐，但被喝道：“这都什么乱七八糟的啊？你消停消停！”读者也知道，这种妈妈是不可能培养出孩子良好的沟通能力的。

男孩的天赋就是有源源不断的奇思妙想和鬼点子，以及立刻说出来跟人分享或做出来跟人显摆的欲望和行动力。这是男孩与生俱来的活力。

正是少部分妈妈的周全体贴和先知先觉，磨灭了男孩的活力。不！这些孩子绝非仅仅只是缺了些许生机和灵气，他们已经被所谓的“照顾”打磨成了一台机器人，丧失了人类的情感与魅力。这个结论听起来夸张，但并不过分。

我当然不允许自己的学生陷在机器人的躯壳里冷酷地长大。我不能看着孩子们明明听得懂话，却故意不作回应。

我会在课中、课后故意跟他们搭话，向他们提问。如果不回答我，我就会耐心地等下去，不烦躁也不放弃。渐渐地，他们发现了对话的乐趣，开始享受有来有往的情绪交流，后来已能与我谈笑风生，打趣逗乐。

给男孩安排家务和一个人的旅程

我想突击问一个问题：你思考过什么是“教养”吗？

根据日语辞典《广辞苑》的释义，教养是指“符合礼仪规范的言行举止，以及人们对此的修炼和培养”。现今生活中，人们约定俗成地认为教养是一系列符合“社会公共道德”规范的行为。

我想进一步扩充它的定义。**教养，是一切让你能在人类社会中正常生存下去的行为。**因此，自立就是教养的一部分。一个没有自理能力、无法自立的人，处处烦扰他人，添乱惹祸，谈何教养？

因此，对于促进孩子早日自立，我有两条建议：让孩子去做家务，以及独自旅行。

家务练手更练心

对这一点妈妈们肯定很有信心，平时忙起来本就常让儿子搭把手。洗衣服时对儿子喊一声：“儿子，帮我把脏衣篮拿来，衣服放进洗衣机！”他虽然一脸的不情愿，但还是会勉强照办。妈妈便欣慰得像得了一张奖状，心里把获奖感言都想好了：“我家儿子真是个懂事的好孩子，与有荣焉。”

家长需要时，孩子能配合需求打个下手当然很重要。但我希望孩子做到的，不仅仅是在大人手忙脚乱时帮个忙，而是主动承担属于自己的家务。孩子每天要以责任人的身份，保质保量地做好几件固定的事。

年龄尚小时，他可以负责端菜摆碗、取报纸或快递、开关窗帘等容易上手的家务。别看他年龄不大，个头不高，但能做的事其实还真不少。

进入青春期后，男孩完全可以承担遛狗、淘米、清洗浴缸等复杂一点的家务。通过干活，他能领悟到一个家庭成员的担当，并与家庭产生更深的联结感。

妈妈要注意，再心疼担忧都不要出手帮他，也不要唠叨、催促、点评和指责。说到就要做到，既然将工作交出去了，就要完全放手，儿子有权利和义务去独自完成。在每日重复的家务工作中，他能锻炼自制力、忍耐力，产生责任感。为了提升效率，他还需要统筹规划和创意思考，做家务真是“一石多鸟”。

但是，说起来容易做起来难。在孩子眼里，做家务肯定不是一件“可算是轮到我了”的好事。我朋友的故事能给大家提供一些参考。

她是位在职场上叱咤风云的妈妈，早上比孩子走得还早。她的清晨是极度紧张的，常常需要一边刷牙一边盯着灶台上的锅，其间再见缝插针地冲出门遛个狗，甚至还要为已经升入初中的儿子准备午餐便当。

她不是那种逆来顺受的个性，于是有一天终于爆发了，要求儿子必须从遛狗和做便当里选一件家务自己干。

妈妈已经在崩溃的边缘了，在如此窘迫的局面下，儿子自然明白“两个我都不喜欢”肯定不是正确答案，必须得挑出来一个自己不那么讨厌的才行。

儿子最终选择了做便当。虽然每天早上多了一件非干不可的事，想起来有些令人扫兴，但市面上有很多半成品菜稍稍加热便能入口，更不要说市场上应有尽有的速冻食品了。他手艺高超，做出来的便当色、香、味俱全，简直堪称“便当王子”，还引得身边一众女生啧啧称赞，用儿子自己的话说：“我居然靠着做便当引来‘流量’了！”

流量高低我是无法证实了，但故事里的一个情节却极具启发性，妈妈在一定程度上给了儿子选择的权利，让他好歹能从遛狗和做便当里挑一个相对愿意干的活儿出来。

享受了做选择的权利，就要承担选择的结果，不能轻言放弃，这是责任感的要求。如果妈妈不征求儿子意见就扔了摊最麻烦的事（比如做便当）给他，然后一半通知一半胁迫地说："明天起，这就是你的活儿了！"儿子可能只会耸耸肩，然后来一句"凭什么？！"没人能从这种从天而降的麻烦事中体会到喜悦和干劲，但我的朋友花了些巧心思，就解决了关键问题。

这位朋友还有一点值得我们学习，就是每天早上一定要给孩子的便当作品点赞："哎哟！看起来不错哦！""这个营养搭配是动了脑筋的，厉害啊！"无论怎样，绞尽脑汁也要找到值得夸奖的地方，然后声音洪亮地给出好评。

孩子都喜欢父母的表扬，越被夸，当然就越爱做家务了。

出发吧！可爱的少年们

一个人的旅行是通向自立的又一条捷径。别担心，这里说的旅行其实可以很近很安全。比如我小学时，就经常在自己家附近，骑着自行车踏上小小的旅程。当时我选择了西武铁道线的沿线道路，首次出发前还为自己做了很久的思想工作。首先，铁道线沿途一定也有大马路；其次，一直沿着这条大马路骑行就不可能走错或迷路。但我还是太天真，没想到行到半途竟然就没路了！

要继续旅程，我只能依靠方向感，沉着分析，大胆穿越陌生的街道。那种隐隐掺杂着期待和斗志的焦灼感、刺激感，至今仍无法忘记。

有了这次冒险经历，我的胆子大了不少，行动半径也逐渐扩大。自行车成了梦想的马，有它我敢去任何地方！这份稚嫩的骄傲激发出了我的自信与自立，或许就是我日后放眼世界并走向世界的原动力。

听了我的故事，是不是该让孩子踏上他的那段探险之旅了呢？当然，他的梦想之马不一定非得是自行车。在确定安全的前提下，可以安排祖父母做好接车或接机准备，然后让孩子一个人乘高铁或飞机去看望他们。他要自己想办法办妥一切手续，买票、检票、找站台、乘车……他一定觉得这段独自奔赴远方的经历酷到了极点，心中的自信之芽从此蓬勃生长。

就算途中遇到乘错车、迷路等困难也无妨。只要是安全发达的区域，且孩子有自我保护的意识与智慧，完全可以让他在实际生活中学习解决问题。**这种经历也将成为他自信的基石，帮助他走向自立与自强。**

独自旅行的目的是在没有父母帮助时，让孩子依然有强大的行动能力。日本很多地方政府和自治团体在暑假时都会举行夏令营等活动，这些都是极好的锻炼机会。它们能让孩子进入一个没有父母庇护的环境，与独自上路的旅程异曲同工。

等他回到学校，一定会窃喜着跟好哥们儿显摆："我一个人干了好多事，完全不需要爸妈帮忙。"

夏令营之类的活动还有一个好处，就是肯定能认识很多平常接触不到的人，毕竟小伙伴们大多来自其他学校。男孩要跟陌生的朋友一起吃住，互相理解和帮助，这对沟通能力和集体生活能力的提升都有极大的促进作用。

巧用策略让男孩主动打扫房间

本章开头强调了要让男孩学会如何维护公共空间的整洁与秩序，但请不要误解，这不是说他在自己房间里就可以为所欲为。

我们假想一个房间，四处胡乱散落着脏衣服，书桌上的教科书、杂志等堆得层层叠叠，地上也遍布零食袋子和饮料瓶子……在这种混乱的环境中，人能静下心来好好学习吗？

虽然人们常说一个人爱不爱干净是天生的，但我觉得这还是由后天教育决定的。

如果妈妈本人也是个收纳"后进生"，整个家的日常状态就是脏乱差，那么可能大家习以为常了，都感觉不到家里杂乱的环境有什么问题（不过也有"出淤泥而不染"的特例，孩子可能在母亲的反面示范下反而成为收纳达人）。

无论哪种情况，他只要没在收纳整理上吃过亏，就不会觉得脏兮兮、乱糟糟的房间有什么问题。

所以，关键是让他栽一次跟头，吃一次亏。当遗失某样贵重物品时，机会就来了。

妈妈可以说："如果不把这房间好好收拾一下，再地毯式搜索，恐怕就翻不出来喽！动手吧！"然后撸起袖子跟他一起找。这时候演技很重要，即使妈妈想起来可能在哪里见到过这个遗失物，也别吱声，不露声色地一起找就好。儿子的感悟也就水到渠成了：不收拾，难受的是自己。

所以，思想要先行，先让他感到混乱的痛苦和麻烦，明白了什么是井然有序，什么是物归原位，什么是"找啥就有啥"，什么是窗明几净、心情舒畅，那么接下来的事就水到渠成了。

电子产品的使用原则

还记得小时候我们都爱玩的游戏"警察捉小偷"吧？规则不难，从名字上就能猜出一二。各地也许略有不同，但大体上都是"警察"去抓捕四处逃亡的"小偷"，抓到后就将其关进"牢"里，然后其他的每个人都去拍一下他，“小偷”就重获自由了。这比一般你跑我抓的游戏更有情节感，我小时候常和朋友们玩到太阳落山，也不知疲惫。

你能想到现在的孩子们是怎么玩这个游戏的吗？时代果然在发展，游戏已经披上了科技的外衣，孩子们通过手机来对接信息，于是游戏半径有了大幅延伸。你能听到“警察们”真的像特工一样一脸严肃地对着手机说：“各队注意！目标出现，在便利店门口。”“他在那里，冲！”正义和邪恶的力量都猛地飞跃到了科技时代，游戏的刺激度飙升。但如果没了手机，孩子就连入场资格都没有。

2017年，日本内阁府进行了一项“初中生手机使用情况调查”。根据此次调查数据，进入中学后，孩子们的手机持有率便快速上升。初中生的手机持有率是58.1%，高中生则达到95.9%。

我观察自己的孩子，发现真是如此。他们和同学的聊天全部通过手机进行，没有手机的孩子仿佛异类。

电子游戏也是一样，已成为当下儿童的社交方式。孩子如果苦苦哀求，并说“大家都有游戏机了”，可能真的没骗你。不买游戏机，孩子会不会被排挤？很多家庭也是被逼无奈、考虑再三，最后只得把游戏机买回来。

我帮手机、电视、游戏机组了个团，并起了个团名——“开关快乐组”。意为只要接通电源，一按开关，少年们、中年们便能瞬间找到人间快乐。

大人要上班，孩子要上学。但人类真正的生命价值，其实蕴藏在除此以外的休闲时光里。当我们可以自由决定做什么时，做到的事才拓展出生命的广度与深度。

人间珍贵，不妨在这宝贵的闲暇时间中，用自己的眼睛与双腿去观察和丈量大千世界的神秘与辽阔。无须惊涛骇浪，平凡生活也无比精彩。爬山、野营、烹饪等都是可以将你从压力的深渊中拯救出来，帮助你与真实的天地人间重新联结的好方式。

去爬山吧，去品鉴山间淙淙溪水、幽幽鸟鸣；去触摸树木的年轮，拥抱它的生长记忆；去呼吸林中一尘不染的清冽空气，洗去自己在匆匆俗事中的迷茫与忧伤。这是一段激活创造力和想象力的旅程。路途中可能会遭遇一些小危机，比如一条蛇的突然袭击、时不时迷失了前行的方向……但应对它们的过程就是唤醒你内心深处沉睡已久的勇气与智慧的过程。

“开关快乐组”带给我们的却是被动接收。它们的功能和互动形式看上去不同，但本质上都是在给人投喂快感。流媒体自动推送着各种同类型的信息，操作系统已经人性化到用户只用一根手指依然能操作得顺畅无阻的程度。在它们“保姆”式投喂快感的过程中，大脑可以完全放松，只需等待一波又一波刺激和乐趣送上门即可。迫使用户去忍耐、思考和创造，反而成为产品设计的雷区。如此，我们把如黄金般珍贵的自由时光交给“开关快乐组”时，就已经对它们缴械投降，放弃了对生命意义的追求和升华，让时间变得毫无价值。

这种求懒又求乐的本能不是孩子独有的。看看地铁里的成年人，谁不是在沉迷手机，或者刷聊天软件，或者追剧追综艺？孩子们不过是有样学样罢了。

我并不完全视电子产品为洪水猛兽。毕竟这是一个被网线连接起来的时代，无论如何，它们都已登场，存在即有其合理性。把孩子和电子屏幕完全隔绝，既不明智也不可行。当孩子沉迷手机时，家长可以把握好分寸，在使用的时间和场合上“约法三章”。

首先，无论孩子如何哭着嚷着要买手机，父母都别轻易就答应。等半年甚至一年再说。而且买的时候，要流露出父母并不认为这是个好东西、我们买得并不情愿的意思。

其次，购买时就要和孩子说好使用规则。比如餐桌上、就寝前不允许玩，一旦违规家长要当场没收。再比如必要时不能拒绝父母查看，等等。事后如果孩子做不到，那么父母一定要照章办事。哪怕他撒泼了，父母也该坚定执行。

最后，把游戏机和手机交给孩子时，父母还可以提醒一下这背后的社会经济账。

这些现象级产品的背后，一定屹立着神话般的科技大厂与大佬。他们肯定挣得盆满钵满，站在富豪榜上睥睨天下。他们缴纳的巨额税金里，也一定有你手里这款产品的贡献。我们以后在硬件和软件里消费得越多，便越是间接地帮了他们。这个中滋味如何，跟孩子聊透彻。相信他将来在点击“付款”按钮前，也会反思一下这笔钱对自己和社会的意义，于是稍稍犹豫甚至停止消费。

一定要传递给男孩的伦理观及底线

很多人都读过中川雅也感人肺腑的小说《东京铁塔：我的母亲父亲》。这本书留给我印象最深的情节竟然是母亲训斥男主角那一幕。当时，他正在跟母亲讲述跟金钱相关的事情和看法，但不知道为什么，一向温和耐心的妈妈突然大怒：“够了啊！一个大老爷们儿，别在钱上没完没了、磨磨叽叽的！”可能在妈妈的伦理观里，男人不应该在钱的话题上纠缠或啰唆。

其实每个家庭都有各自的价值观。重要的是，我们要把它们传递给孩子。我无意左右妈妈们的感受和决定，但以下五条可以说是我们这个社会的伦理道德底线，所以我诚恳地希望大家至少把这几点传递给孩子们：

- 不撒谎。
- 不欺凌弱者。
- 不歧视他人。
- 不违背约定。
- 不要忘记感谢和感恩。

其实一看就知道，这些伦理规则已经是为人所公认的了。在旧时代，一个大家族的长老或寺院的僧人会抓住任何机会，向孩子们讲述这些道理，督促他们谨记心间。但可悲的是，眼下这个节奏快、家庭规模小的现代社会，倒鲜有如此朴素的家训和亲密的环境来教育孩子了。

很多孩子上课随意迟到，搞不清什么时候要提交什么资料，作业都能忘了写……而且妈妈越是宠爱纵容，儿子就越是错得心安理得，一副“自立、自律什么的奈我何”的样子。

可想而知，这些男孩长大后，多半也是给人添麻烦的。他们就算能找到工作，也是丢三落四，顾头不顾尾。重要的约谈或会议能忘、要求提前准备好的会议资料也能忘、和恋人定好的事情也能心安理得地忘记……

回过头来看我上面列的五条规则，才发现它们真的已经精简到极致了。它们太重要也太有效了，男孩做到这五条才能实现自立，才能有女孩愿意跟他走进婚姻的殿堂。

这五条规则中我最重视的就是最后一条，别忘了感谢和感恩。商业社会一切都明码标价，于是很多人把理直气壮当成为人处世的金科玉律。在餐厅他是消费者，是上帝，于是对服务员颐指气使。在学校他是家长，是教育行业的甲方，所以默认老师就该“蜡炬成灰泪始干”。他们的灵魂里没有“多亏了谁谁谁”的认识，于是嘴上也没有“感谢您”“麻烦您”之类的话。

懂得感恩的人，才能感知和感谢他人的付出，也才能反过来对他人温柔以待。在这个世界上，有很多人依然把情感看得比金钱更重。

让男孩们继承这些价值连城的伦理瑰宝，因为它们远胜过刷题和得奖的荣光。只要他们内心丰盈、三观正确，那么即使叛逆期发些小脾气，父母睁一只眼闭一只眼倒也无妨。

妈妈笔记 3

养出好修养儿子的妈妈心法

- 妈妈别太勤快，儿子才不会变成甩手掌柜。
- 妈妈别太贴心，儿子才不会麻木不仁。
- 妈妈狠点心，儿子能更自立。

第 4 章

让男孩有好成绩

10 岁，男孩关键期

男の子は 10 歳になったら育て方を変えなさい!

找对时机，让男孩主动学习

男孩和女孩在学习习惯上有天壤之别。

面对期中和期末这种常规考试，女孩通常都能提前制订好复习计划，踏实备考。

男孩却总是不以为意，玩到考前两天才猛然发现："完了，没时间了！熬夜突击两天吧！"

面对中考这种大考时也不例外。女孩总是很早就能意识到："时间差不多了，我得动手了。"她们会确定目标学校，设置各学科的复习顺序和复习计划，并严格执行。男孩则是一如既往地优哉游哉，有人能磨蹭到初三下学期才突然醒悟"不好了"，然后奋起直追。别误会，我不是在批评他，因为在男生中这还算有觉悟的。

看着儿子这副德行，妈妈肯定怒气冲冲。晚饭后，儿子窝在沙发里津津有味地看电视，妈妈便忍不住大吼：“躺就能把作业‘躺完’吗？去做功课啊！”更有极端的妈妈直接关掉电视。

小学低年级阶段，儿子还会被妈妈的气势吓住，嘟嘟囔囔一阵子后也能依依不舍地离开电视。但到了叛逆期，男孩就很难被控制了。

此时，儿子顶多回敬你一句：“烦死了！”如果对电视节目意犹未尽，那他就继续看；否则便默默起身回自己房间，但几乎不可能是去学习。

叛逆期的本质就是不听父母的话，所以父母在暴怒时不管如何提要求都是徒劳。细细想来，孩子真正介意的可能并非父母的命令本身，而是下命令的态度和时机。

时机没选好，便适得其反。就如前文提到的那样，儿子原本也觉得差不多该去学习了，正想起身时，冷不防听到妈妈一句：“还在看电视呢？学习去！”他的学习动力便瞬间瓦解。

不能吼，也不能催，孩子又不愿学。父母到底该如何是好？

很遗憾，到了青春期，父母才发现儿子毫无学习欲望，就已经晚了。此时的男孩还能不能学，多半只能看性格了。

妈妈心如刀割：“但我完全不管的话，儿子怕连一秒钟都不会学的……”

我们好好思考一下，孩子难道不明白学习的重要性吗？当尖子生的甜头，有谁不想尝尝吗？考试成绩一骑绝尘时，那强烈的优越感能不让人心动吗？朋友圈里的威望和话语权也是和分数成正比的，孩子就不想被周围人称赞一次吗？他当然懂这些道理，只是在学习的辛苦和偷懒的愉悦之间，控制不住自己那颗时刻想偷懒的心罢了。每每到了考试前，他才满心懊悔："早知道还是该下点儿功夫的！"如此循环往复，一个心有余而力不足的后进生便诞生了。

那些聪明上进的孩子，是不需要父母重复道理，就会主动坐到书桌前的。对于他们来说，追求卓越是一种习惯，而不是勉为其难地完成任务。

清晨起床要好好刷牙，否则一整天都不舒服。对于自觉的孩子来说，学习也是一样，当日事就必须当日毕。明日复明日就意味着日日都不舒服，那还不如先苦后甜。

他们也不是天生的努力者，面对诱惑也会像其他人那样心痒难耐。一开始，电视和漫画当然比教科书更能吸引他们的眼球。但是，他们会生出一种得天独厚的自律能力来对抗诱惑，那是一种"我管得好自己，也管得好这些欲望"的自律能力，能把那颗蠢蠢欲动的心控制住。

学习上能赖就赖、能躲就躲的孩子，在生活中也多半是个"差不多就得了"的"马大哈"。他总是习惯性地躲避、拖延，对任何事都没有紧迫感和责任感，处处做出"且顾当下舒坦，哪管日后遭殃”的选择。所以，要求他按时提交的资料多半准时不了，要他完成的作业八成也记不住。

想让男孩像刷牙那样自觉地去学习，把追求卓越内化成一种舒服的日常习惯，妈妈就必须从青春期之前就开始引导，到了青春期才行动就略晚了。尽管如此，我们依然能提高他的自我管理能力，让他逼自己一把，做好那些他不喜欢做的事。

第一步就是让他有初步的时间规划意识，定好每天的学习时间。最理想的状态是他来设计好放学后的时间安排，并严格执行。但这并不容易，这个年龄段的男孩本就讨厌规划，所以妈妈们要动动脑筋来“引诱”他们。

比如问问儿子：“今晚打算几点去学习啊？我好安排开饭的时间。”看起来是妈妈自己在安排当天的家务，但实际上却让儿子不得不去思考要把什么时间段分配给学习。

孩子可能回答“无所谓，反正吃完饭我就去学”或者“晚上8点开始”。具体的时间不重要，重要的是让他给出一个答案。到了他说的时间点，妈妈就可以自然而然地问一句：“咦！这会儿是不是到你该去学习的时间了？”

这不是命令或催促，更像是一句善意的提醒，不会招来孩子的反感。时间是他自己定的，“到这个点就该去学习了”也将成为他自发的意识，这也是自驱力的萌芽。

偶尔社团活动结束太迟，当晚确实没有学习的时间了，孩子想把作业延到次日清晨去写也可以。但原则上最好避免这种情况，毕竟一个缺乏自驱力和自制力的孩子，与睡懒觉的诱惑搏斗，胜算也大不到哪里去。

学习的意义要铭记

神童陨落的故事不少。你的生活中一定也有某某家孩子小学时成绩遥遥领先，但进入中学后便一落千丈的悲剧传闻。这其中不乏态度一直就很端正、学习一直就很勤奋，但成绩就是直线下降的可怜孩子。

原因非常简单。这些小时候成绩好的孩子并不是真的天赋异禀，他们没有真正的自驱力和自制力，不过是在父母的压力下死记硬背罢了。小学被父母拖拽着在学习路上艰难前行的孩子，进入初中后必然心力交瘁、寸步难行。有太多“伪天才”靠父母的压力在小学时学得顺风顺水，但进入中学后就现出原形了。这种案例，教育界的朋友们隔三岔五就能聊起一桩来，我自己也目睹过不少。

学习的难度会随着学段的提升而呈指数级攀升。小学阶段，父母狠心逼孩子一把，他也就能学得有模有样。不过从中学开始，知识的难度便陡然上升。有些难度极高的知识点，孩子如果不拿出“主动出击、勇者必胜”的势头，自发且深入地花几个小时去分析、思考、推演、计算，可能就学不透了。

但就是这个“勇者必胜”的势头，这种“自发地”在书桌前坐几个小时，全神贯注的学习状态，不是每个孩子都有的，且不是一蹴而就的。看看中学那些教学内容吧，你会发现它们真的很深奥、很枯燥。语文的高级语法与古代用语、数学的方程与函数，还有高级的因式分解等，都是学起来苦，乍一看又没有实际用处的内容。

既然都是些“没有实际用处”的知识，孩子学起来必然身心俱疲，心里一定有一个大大的问号：“为什么要学习？”当学习成了一件只有痛苦，没有目的，还缺乏意义的事情时，它当然不能让孩子主动亲近并沉醉其中。

所以，父母需要赋予学习以价值。我们的使命是，让孩子感到“学得其所”。这比催促一万次“快去学习”都有用。孩子要的是远方的光与希望，而不是身后的鞭子和拳头。

学习的价值是什么呢？这个问题有很多答案，每种都有道理。但如果要我给一个简单直白的版本，我会说：**“学习是为了给将来留下更多选择。”**

容我功利些，日本就是个学历至上的社会。无论大家如何批判这种现象，读书多，就是意味着更受尊重和占据更多的资源。

不信你看，知名企业招聘时，有哪家不要求“大学本科及以上”学历的？大学文凭如同孙悟空的金箍棒，在地上一画，便圈出一个地界，圈内的选择和圈外的选择大相径庭。到底是大学毕业生的选择更广、更好，还是学历更低的人选择更广、更好？答案不需要我来说。

更不用说大学的世界里还有自己内部的“鄙视链”。到了求职季，来顶尖大学、普通大学、末流大学、“野鸡”大学招聘的企业，肯定完全不同，毕业生们的心情也完全不同。

所以，学历是一块敲门砖，更好的砖能在求职时帮孩子敲开更多的门。社会上确实存在那些寒门逆袭的特例，但是我们的孩子大多只是芸芸众生中平凡的一员。要想今后的路能越走越宽，要想今天的自己对得起明天的自己，还是好好修炼学习这门技能，提前给自己的人生多积攒几块好的敲门砖为妙。

有些职业不仅有学历要求，还有通过资格考试的要求，如医生、律师、检察官、公务员等。孩子如果有这些方面的志向，那么眼下搞好学习就更重要了。

这些资格考试也是在全国范围内遴选人才，但规则与校内考试又不同。资格考试的难度极高，仅靠死记硬背不求甚解是糊弄不过去的。要想通过它们的选拔，记忆能力只是很基础的要求，关键是能否透彻地理解题意，把握出题人的意图，或有理有据地进行推导等。它们考查的是一个人从阅读到分析，再到论证的整体思维能力，只靠下苦功夫是不行的。

这种理解力与推理力是临时抱佛脚也抱不出来的，它的形成过程缓慢而艰苦，要从中学就开始磨炼，绝非一朝一夕之功。到了大学才奋起直追，为时已晚。

万一孩子将来是个优秀的律师或检察官呢？那就千万别让他绊倒在法考这条门槛上。少年的学习之路漫漫，再不济到了中学也得起跑了。

零门槛的练脑三大法

我常对班里的孩子们说：**“我们生而为人，就是为了用自己喜欢的事情去填满和取悦自己的人生的。”**

但可惜，学习这件事大概率不在其中。所以，要做自己喜欢的事情，关键是要善用和巧用学习以外的闲暇时光。

我当然不是在说那些浅薄的刺激，如看肥皂剧和综艺节目，或者打电子游戏等。这些透过电子屏幕呼啸而来的愉悦感有个共同点，那就是让人被动地接收快感，无须思考和创造。

一个人在闲暇时光才算获得了全面的自由，可以全权决定自己要去探索或创作什么。此刻，时间和思维都归我们自己所有，主观能动性本可以被发挥到极致，却被白白埋没在流媒体与游戏投喂来的单向刺激里。这不是吃了大亏吗？以后不会后悔吗？

我的学生里，汇聚着各种特立独行的人，如昆虫专家、化石收集狂魔、未来的围棋或象棋大师等。个个都是勤思敏学的小天才，创意不断，智商极高。他们把闲暇时光和激情都燃烧在了高技术含量的兴趣爱好上，日复一日、年复一年的挖掘与训练又提升了他们的眼界和智慧。

他们是那种天天沉浸式学习好几个小时，恨不得把题册全部做完的学习机器吗？当然不是。当一个人可以一目十行融会贯通时，对于他的成绩来说，时间的投入就不是个重要的影响因子了。

有人不禁哀叹自己“又看到了人间的参差”，怀疑这些小神童是不是生来就有一颗“爱因斯坦的大脑”。但天才和凡人在基因上的差距，其实小到可以忽略不计。再聪明的头脑也需要后天的训练，所幸我知道其中奥妙。更幸运的是这其实并不难，谁都可以一试。接下来，我有三个方法可以推荐给所有孩子。

吃透课堂内容，既要听进去，也能输出来

听课时，要抓取老师的关键信息，在脑中进行“闪回式复述”，如同反刍般当场消化。记笔记也不是为了给老师当录音笔，

重要的是形成自己的总结，以书面形式进行输出。逻辑要清晰，要点要明确，目标是事后能把笔记当成复习提纲来直接用。在顶尖高校里，学霸们的笔记几乎都达到了能出版的水平，排版之漂亮，总结之高效，令人啧啧称奇。是的，这些笔记完美到只能用“奇”来形容了。

学习时要追求速度，不断地、不设限地提速

我班里的这些小天才们每天都很忙，忙着享受课余爱好。所以，他们放学后必须赶紧完成课后作业，以留出更多的时间给自己的“副业”和兴趣。

如果孩子觉得上面的第一个方法还是太耗脑力，一时间难以找到感觉，那么这第二个方法就真的不需要基础，任何孩子都能在家立刻做得了。

我举个例子，孩子可以给做计算题或写字定好时间目标，每天必须在一定的时间（如五分钟）内完成一定的量。心里有紧迫感，手上才有速度，整个人才能全神贯注，答得又快又准。这种状态在考试时也是撒手锏。但孩子平时若不练，就不可能期待在考场上突发“神功”。

妈妈还真可以给孩子买个计时器，令时间的流逝具象化，且计时结束时那“叮”的一声很有仪式感。或者也可以给孩子一个秒表，每日记录定量任务的实际完成时间。孩子都是天生就爱比

赛的，不跟别人比，就跟自己比。“哈哈！今天厉害了，比昨天又快了 30 秒！”也能成为成就感的源泉。

家长切记，哪怕再激动和骄傲，也不要得寸进尺，不能觉得“既然今天提前完成了，那剩下的时间不如就再加点儿练习”。孩子做得好，我们也只需要表达自己的骄傲：“你的解题速度明显在提升。厉害！妈妈太佩服你了！”这种激励才能让孩子虽已到百尺竿头，但仍想再进一步。

凡事多探究其原因

这是我观察很多聪明孩子后得出的结论。对于教材上的知识点，不要囫囵吞枣、浅尝辄止，一定要经常反思和发散，常问“为什么”。每个寻找答案的过程都是一段加深对知识的理解和提高思维能力的旅程。

日本的顶级中学最爱在招生考试中用一连串“为什么”的问题来筛选思维优等生。要在这些掐尖考试中脱颖而出，平时的逻辑推理与发散性思维训练就必不可少。

我会让班里初一到高三的孩子都广泛地阅读经典，如《韩非子》《论语》等。读罢，便鼓励大家针对阅读的材料进行辩论。讨论中有攻有守，真理于是越辩越明，思考也越来越深入。

决不允许边听音乐边学习

关于辅导孩子学习这件事，我总是劝家长们克制，不要说太多、催太紧、管太宽。孩子能坐到书桌前，就已经很自觉了。唯独有一个行为，我支持家长一旦发现便要坚决制止，即孩子戴着耳机，边听音乐边学习。

沉醉其中的人当然能找到一万个为自己辩护的理由：“周围环境噪声多，干扰大。”“有音乐，我更容易集中注意力。”“我喜欢这些歌，听着就开心，学习状态也更好。”

但根据我这些年来的观察，恕我着实无法苟同。一边听音乐一边学习的，多半都是效率低下、成绩平平的孩子。

我理解很多孩子希望音乐能帮助他们对抗噪声。但事实是，这种行为得不偿失，音乐对注意力的分散比环境噪声多了不知多少，恐怕它还会剥夺孩子更多注意力。

孩子好不容易开始学习，但他最多只能吸收约八成的知识，这真是得不偿失。

而且，一个靠音乐来舒缓自己才能学习的孩子，他的自制力多半也是弱到了及格线以下，凡事总图轻松、简单。父母怎么可以纵容孩子在这条路上越走越远？

要边听音乐才能学习，是一种自我溺爱。

在其他事情上，父母与孩子可以见仁见智，但学习时听音乐就是绝对的禁区。音乐本身无罪，但孩子必须等完成学习后才能听。现在想听？那就提速、勤思，赶紧做完功课吧。

培养理性思维，提升人格素养

前文我们聊过怎样简单直白地概括学习的价值。在众多的解释中，我选择了“学习是为了给将来留下更多选择”。现在我想再次从本质上探讨学习的目的与意义。

孩子们在读教材、听课堂讲解、答题时，到底是为了什么在读、在听、在答？原因有二：其一，孩子是在如海绵一样地吸收知识；其二，孩子在训练和强化理性思维。后者是重中之重，是学习王冠上的璀璨明珠。

知识和理性思维似乎是一体两面，二者一脉相通，但它们的内涵其实大相径庭。

知识是存储在大脑中的与事物相关的客观描述。如果人类的大脑是一台电脑，那么知识就是它的存储卡或硬盘上的信息。

理性思维则是我们处理信息的方式方法，它是判断力、分析力、思辨力等的综合。有了理性思维，在无论多么困难复杂的环境中，我们都能借助它抽丝剥茧地找到突破口。

提升理性思维是人类的本能。只要父母引导有方，让孩子尝到理性思维的甜头，他就一定会开开心心地主动学习。

犹如美食是治愈饥饿与营养不良的解药，让虚弱的身体恢复元气，理性思维则能充实空虚的头脑，让心灵享用知识的大餐。然后我们会期待更强大的理性思维，在知识的餐桌上再次大快朵颐。这是一个美妙的良性循环。

一个理性思维发达的人通常也会触类旁通。他不仅能轻松应对学业，也擅长处理人际关系，能聪明地把握为人处世的分寸和边界感。他在朋友圈里人气高、口碑好。若能懂得这个道理，孩子根本不需要家长耳提面命，自己就会拼命学习。

所以，我并不在自己的班里给孩子们教知识，而是带着他们培养理性思维。遗憾的是，放眼望去，我们是日本教育界绝对的少数派。

日本的教育信奉“唯分数论”。孩子们或者成为分数的奴隶，在考试的大鞭抽打下死记硬背；或者在沉默中消极对抗，放弃学习。不管我们把“实施宽松教育，提升学生素质”的口号叫得多响亮，只要不对这种病态的教育制度进行彻底改革，日本教育的问题就只会恶化下去。

人为什么会有提升自己的理性思维能力这种本能呢？因为理

性思维可以让一个人成为更好的自己，从而让他过上更好的生活。有强大理性思维的人视野更广、思考得更深、理解得更透。

成为更好的自己，当然有很多其他的方法可以采用，但提升理性思维必然是重要的方法之一。

为了成为更好的自己，人们努力工作。于是关于职场、生活的理性思维每天都在形成，从而让人们收获源源不断的成就感，并刺激出更大的进步欲，想进一步提升理性思维能力。这种过程与技术的积累、技巧的训练相似。

发现此生钟爱的事业，有幸能投身其中，还能在它的历练和刺激下持续进步、充实，找到并成为更好的自己，是人生最大的幸事。

话说回来，有欲求参与这场幸事的人，想与一项光芒万丈的事业共同成长、彼此成全的人，大多需要先跨过理想职业的学历门槛。所以，我才说，别让此刻的懒惰熄灭了照向未来的光，别让今天的散漫丢失了明天迈进理想行业的门票。孩子们要珍惜眼前的学习机会。

我再补充一句，成为更好的自己，成就更好的人生，并不仅限于职场，任何兴趣或特长里都有一个更好的自己在等着我们。很多人的业余爱好与本职工作大不相同，业余时间里一样能在各个爱好的领域内开辟出一片天地。真正重要的是，“我”有没有比昨天更强、更自信？有，那“我”就赢了。

日本文部科学省一直提倡要增强人民的“生命力”，这与我所说的“成为更好的自己”异曲同工，我们应该让孩子们沿着这个方向走下去。

培养 5 种能力，提升理性思维能力

理性思维能力很重要，那么孩子要怎么学才能提高它呢？我建议家长协助孩子提升以下 5 种能力：

- 阅读能力
- 写作能力
- 心算能力
- 逻辑思维能力
- 试错能力

让孩子在日常学习中刻意培养以上 5 种能力，对他们理性思维能力的提升大有裨益。即使将来学习内容越发复杂、深奥，孩子也能充分理解，灵活应对。

接下来我们看看具体的操作方法。

阅读能力

春天是破晓的时候〔最好〕。渐渐发白的山顶，有点亮了起来，紫色的云彩微细地横在那里〔，这是很有意思的〕。

夏天是夜里〔最好〕。有月亮的时候，这是不必说了，就是暗夜，有萤火到处飞着〔，也是很有趣味的〕。

这些曼妙的文字，出自日本古代散文家清少纳言的《枕草子》[①]，这里我截取了它开篇处对四季风景的描写片段。不知读者愿不愿和我一起回到校园时代，高声朗诵这段清丽优雅的文字？我们定能身临其境，体会到经典古文的节奏感与韵律美。

日语原本就包含了表意与传音两方面的美感，在意境和音韵上各有精彩。只解其意，把它当作信息的传递工具，未免买椟还珠。

由于亲娘老子传给自己的鲁莽性子，打小时候起就净吃亏。

① 摘自海南出版社于 2018 年出版的《枕草子》，周作人译。——译者注

读小学时，曾经从学校的楼上跳下来，摔伤了腰，躺了一个星期。也许有人问："干吗要那样胡来？"没有什么特别的因由，当我从新建的二层楼上向下探头探脑的时候，同班一个学生开玩笑地喊着："别那么飞扬跋扈，谅你不敢从那儿跳下来。胆小鬼！"校工把我背回家时，父亲瞪起大眼，骂道："傻瓜，哪有从楼上跳下来摔伤腰的！"我回答："好吧，下回跳个不摔伤腰的给你看。"

这是夏目漱石的小说《哥儿》[①]的开头，其语言风格与古文相去甚远，但读起来依然有种张弛有度的节奏感。

把握好文字的节奏和语气，并将其高声朗读出来，是提升阅读能力的基础。小学低年级的语文老师常把课文朗读布置为家庭作业，要求孩子读完规定的课文，家长才能在作业本上签字。这就是为了强化孩子的朗读能力。

"那我家孩子现在还要练习朗读吗？"是的，现在也需要，现在正需要。

给孩子找一些古文或现代文的经典作品，让孩子一字一句、清楚规范又富有情感地朗读出来，是提升朗读能力的不二法门。

---

① 摘自上海译文出版社于2017年出版的《哥儿》，陈德文译。——译者注

但青春期的孩子不会再对父母言听计从了。你对儿子说：“好了，读书的时间到了，读书去！”他八成是不愿意的。不如营造一种游戏的氛围，全家一起按顺序读书，谁卡顿了或读错了就要受罚。

独立阅读即默读也必不可少。当代小朋友的读书量是直线下降的，书早已不是孩子们在闲暇时光里最亲密的朋友了。取而代之的是社交媒体、网络推送的文章等线上内容，它们占据着孩子们文字阅读的半壁江山。

网络内容虽然也是书面文字，但篇幅短小、文采平庸，除了能传达有限的信息外，别无其他价值。读再多快餐文字，孩子也感受不到韵律的美感和超然的境界。

看看那些平时没有阅读习惯的孩子。他们在语文考试里遇到长难句就思维卡顿，甚至逻辑崩溃，更别说进行理解和分析了。

母语是一切语言之本，孩子不能丢掉自己的根本。朗读是固本之良方，所以请父母带领孩子一起朗读吧。

写作能力

孩子之所以厌恶和惧怕写作文，问题就出在学校的写作教学上。日本的老师们总是体贴入微地提供各种套路、模板，学生只要对其中的观点和情节稍加替换，便能写成一篇看上去还不错的习作，最后还能得到老师的优等评价。写作已不是一项创作型任务，而是一项技术工作。学生熟悉了工艺流程后，往模具里浇灌材料即可。可是，乐趣和创意何来？谁会喜欢这种流水线似的作品？

真正有趣又有意义的写作是什么样子的呢？是毫无规则和讲究，只要跟着感觉写即可的空想式写作。孩子只需要大胆、自由地记录下脑中天马行空的遐想，便能得到一篇文章的雏形。

当我们允许男孩随便乱画时，他们会有很多脑洞大开的神奇想象，作品里可能出现被圈养在动物园里的恐龙、翱翔在天际的飞行机器人……画里的世界充满奇思妙想。其实让他们用同样的思路去书写脑中的世界，就是极佳的写作训练。他们笔下可能出现未来的“朋克城市”，还可能塑造出长着翅膀的主角……只要孩子们心中有所想，便大可任其自由发挥。家长不必干扰，因为这是一种愉悦的书写体验，即使是平日厌恶写作的孩子也会享受其中。

如果孩子实在没有故事灵感，也可以写议论文。选题自由，没有限制，大到核电危机、环保问题，小到家里某个矛盾或烦恼，只要他觉得好写或有相应的题材，家长可以任他自由发挥。家长不要给出预设的模板，让孩子去“模仿世界”。他的观点是什么，就让他用自己喜欢或习惯的方式去表达什么。

但无论孩子是选择写记叙文还是写议论文，家长都要提一个要求并让孩子铭记在心：他写出来的作品，必须让读者觉得有意思，值得一读。

我常告诉我的学生：“写文章如烹小鲜。”做一碗咖喱饭，面对同样的肉、洋葱、胡萝卜、土豆，不同的大厨会用不同的火候，饭的咸淡也各有不同。用心烹饪的美食一定有更加丰富的口感，让食客身心俱暖。

写作就像烹饪，面对同样的素材和灵感，孩子加入什么样的佐料，掌控什么样的火候，决定了最终呈现出的作品的样子。

如果孩子时刻牢记着要给读者带来最有意思的阅读体验，那他一定会周全地设计大纲并控制节奏，用草蛇灰线、起承转合等技巧把故事性和趣味度都推向顶点，而且还会下功夫雕琢细节。总之，从宏观到微观，他都不会放过任何一个让读者眼前一亮、大呼过瘾的机会。

还有一个能让孩子写起来更加无所畏惧的小秘诀，那就是使用笔名。在我的班上，我非常鼓励学生们取笔名，在这种微妙的隐私保护与名誉鞭策下，他们真是挥洒自如、文思泉涌。他们的作品之惊奇，之洒脱，之幻妙，常让我啧啧称奇或拍案叫绝。

一个作者知道自己的作品会被阅读，且被欣赏、被称赞，自然就会体会到创作的快乐，也才能卸下对写作的抗拒，主动去写。而越写，才越会写，才能妙笔生花。

心算能力

我们来看一道心算问题：17×18= ?

解题方法有很多，其中一个是先计算 17×10=170，再计算 17×8=136，两者相加可得最终答案 306。

脑子里能条件反射般地进行这种拆解和计算，便是具备了心算能力。

笔算和心算的区别很大，但心算对拆解技巧及其运用能力的要求要高得多。18 要先被拆分成 10 和 8，再分别与 17 相乘，最后将两个得数相加，才能算出答案。不拆解，心算是不可能的。另外，心算还要求有强大的记忆能力。计算出 17×8=136 后，还得从脑海中提取出先前算好的 17×10=170。如果算一个数就忘一个，最后也是竹篮打水。熟练后，如果有更巧妙的拆解思路就还能再简便一些，比如把 17×18 先拆解成 17×（9×2）=17×2×9=34×9，那么下一步就可以理解为 34 的 10 倍减 1 个 34，即 34×10-34 ＝ 340-34=306。

提升心算能力，不仅能提升数学成绩，还能促进推理能力的提升。当孩子被提问时，能快速地拆解，并推导出答案来，他找突破口就能比别人快一步。

我们总形容聪明的人“反应迅速”“脑子转得快”，其实这恰恰就是心算的训练点。一个脑子转得快、一下子就能发现破绽的人，肯定不会动不动就被别人哄骗，没那么容易掉进陷阱里去。

心算的练习方法不外乎持续地累积经验，不断地重复刺激。但这倒不是要求我们非去书桌前正襟危坐，一道一道刷题才行。生活中可以练习的机会有很多，比如一起外出就餐时，家长就可以问问孩子：“爸爸点了一份炸猪排套餐，花了 1 980 日元；妈妈点了番茄意面，花了 1 260 日元。你点了煎肉饼套餐，花了 1 840 日元。咱们总共得付多少钱啊？”家长还可以问孩子：“咱家每个月的伙食费预算是 65 000 日元，那么一年下来共是多少呢？”在这些生活情境中训练心算，不沉闷，又有趣。熟练之后，孩子可能还嫌按计算器或列竖式很麻烦，不如心算呢。

逻辑思维能力

逻辑是什么？逻辑就是有理有据。当孩子的每一个见解和结论都有论据支撑，且论证有力时，他就是一个有逻辑的人。如果孩子无论处理什么问题，都在此原则下梳理自己的思考要点，构建自己的解决方案，那么他就具备了逻辑思维。

比如，孩子要解释为什么未成年人不可以吸烟时，如果他先拿出证据，如日本的法律明文规定了吸烟的最低年龄就是 20 岁，或烟草中的尼古丁和焦油等物质对未成年人的生长发育有害，然后才得出结论“所以我们不应该吸烟”，那么这就是一个逻辑思维能力比较好的孩子。

相反，如果他的思维偏情绪化，可能就会带着“还用说吗”

的愤怒语气大喊："反正孩子就是不能吸烟！"

擅长逻辑思考的人，能证据充足、条理清晰地论述自己的观点。他也能对别人的论述进行合理归纳，甚至预测对方的结论。比如，孩子在和别人聊 A、B、C 三种可能性极高的结论，如果孩子擅长逻辑思考，那听着听着他就会发现，根据已经聊过的事实或论据来说，B 和 C 大概率是要被排除的，所以对方最后赞同的应该是 A。

这种逻辑思维能力对孩子将来在职场上的打拼意义非凡。他能在商业谈判和游说中先人一步得出结论，并准确预判对方的立场。这种思考速度仿佛让他拥有了全知视角，局面尽在掌握，全程游刃有余。如果他还有较强的心算能力，那他简直如虎添翼，必会所向披靡。

数学是训练逻辑思维能力的利器。通过方程去解答应用题，或拆解心算题，都是在用逻辑思维进行实战。

如果要玩游戏，我就推荐走迷宫、解迷阵、下围棋、下象棋等。玩这些项目时，孩子需要预判不同的走法带来的不同后果，多方比较后再找到眼下胜算最高的策略。这些分析与推导过程就是逻辑思维的最佳训练场。

试错能力

学会从错误中学习，即具备试错能力，有两大好处。

具备试错能力的第一大好处是，它能让人认识到，问题的解决方法和答案可能是多种多样的。**明白这个世界存在着多种可能性，人才可能灵活变通，避免思考走向二元化或极端化。**

比如一个人为了论证某个结论，可能会发现两种潜在的论证角度。如果先尝试了一种，但发现走不通，那么转向另一种即可。千万不要一条道走到黑，不撞南墙不回头。

具备试错能力的第二大好处是，它能增强一个人的信心。一个人如果通过自己的亲身验证终于得出某个答案，那么他一定对这个答案信心满满，不会再犹犹豫豫。外界的干扰很难再影响他的判断，只要他相信自己有道理，那么就能挺起胸脯，对抗外界质疑。

我还是以做饭为例。假如眼前有块五花肉，要用烤箱烤着吃时，到底是 200℃烤 30 分钟好呢，还是 250℃烤 20 分钟好呢？如果妈妈试过了两种方法，找到了恰到好处的温度与时间，那就是最有效的试错。有了这次的经验，将来就可以根据每块肉的大小，灵活调整烤箱的设置了。

可悲的是，有太多家长在刻意剥夺孩子试错的权利。比如他们教孩子做菜时像个监工：“这个地方要好好炒透才行！”“哎哎哎！这会儿得加盐了啊，还等什么呢？”也许在家长的严加管教下，菜品确实色香味俱全，绝对胜过孩子的自由发挥，但孩子无法从这个过程中获得任何成长，也无法提升任何能力。

培养孩子试错能力的关键是给足他们空间和机会。家长只需稍微点拨，给出方向和几条大原则即可，剩下的放心交给孩子去摸索和试验吧。

前文提到过，我的试错能力在很大程度上是通过一个人骑自行车四处瞎逛得来的。现实世界真的是条条大路通罗马，去往一个目的地往往有很多选择。有时我必须仔细研究哪条路最符合我当下的情况，有时我又会选择信马由缰，道路延伸的方向便是我的方向。

和逻辑思维能力类似，在训练试错能力上，走迷宫、下围棋、下象棋等活动都能取得不错的效果。无论怎样，只要孩子在尝试、分析和比较，就一定会有思维的磨炼、智力的提升。这个过程非常关键，家长一定不要本着“就是不放心”和“多少管一管”的想法进行干扰。

聪明地背诵

一听到“背诵”这个词，死记硬背的刻板印象恐怕就浮现在大家的脑海中了。“背诵”，似乎就是把知识点或原文一股脑儿地全灌进脑子里。汉字也好，英语单词也好，管它是怎么背的，只要词汇量上来了，考试分数好歹不至于太低。

这种机械化的记忆在容量上是有上限的。人脑不是电脑，它无法按需扩容。一旦记忆量过载，结果就是宕机——不能学，不想学，不再学。厌学情绪便开始干扰孩子的学习，孩子可能背得天昏地暗，结果还事倍功半，甚至最后彻底不学。这样的例子我实在是见得太多了。

我想推荐给大家的是一种聪明的背诵方法，其核心理念是形象化记忆和点阵联结。践行过这两个理念的孩子会发现，记住某事或某个知识不再是种痛苦。他无须再在死记硬背这条“不归路”上越走越远。他有能力在脑海中把知识点进行归类整理，让纷繁复杂的点状信息有规律地排列，彼此连接和固化，从而扩充记忆容量。

首先我们来看看形象化记忆的意思。形象化记忆是指，将概念具象化，让其栩栩如生地呈现在头脑中。比如听到“象”这个字，孩子就可以联想“象”这个汉字的具体形态，然后联想到长着长鼻子的大型动物的形象。

再比如对街道路线的记忆。有些人连自己走过的路都记不住，原因就是他没有在心里生成一张具体生动的虚拟地图，去记录并再现这些现实中的路。但善于认路的人就会捕捉到种种关键信息，并按顺序在脑海中画出虚拟地图。这些认路高手能一边读取虚拟地图，一边对自己说：“向前走，第二个路口的拐角处有一家便利店。在便利店门口拐弯，就能看到一家洗衣店……”有了这种自己给自己进行精准导航的能力，怎么会走错路呢？

我用“闪现”来称呼这种在头脑中进行的具象化思维。无论是阅读汉字还是记忆英语单词，能在脑海里闪现它们的形象，记忆力就能直线提升。

心算能力也是类似的道理。如果一个小朋友能在脑海中闪现出竖式，进而利用逻辑思维在脑海中进行“笔算”，那么理论上他的心算能力就已经冲破了技巧、空间等的限制，可以自由进行多位数心算了。

很多老师常要求孩子们一边写一边背，这个写的过程就是具象化思维的入门训练，是在帮助孩子们养成习惯，将具体的形象和词语的概念结合起来。既然如此，不如化繁为简，让孩子们一开始便在脑海中进行刻意的闪现练习。跳过书写这一道工序，岂不更加省时省力？我在自己的班里，会先训练学生们记住生动的形象。然后，为了评判他们的记忆效果，看看结果是否正确，我会让他们书写出来。

这种具象化思维能力是判断一个围棋手或象棋手能否入门的标准。棋手的训练中就包括“逐步记忆”这一项，他必须能把棋局中双方走的每一颗棋都一步不差地复写在笔记本上。一个棋手如果不能对棋局进行闪现式记忆，那么他也肯定记不住棋谱。所以，优秀的棋手也一定是记忆高手。

将棋大师羽生善治说过，他能在头脑中画出完整的棋局与盘面，无须再看现实中的棋盘。已故的将棋冠军升田幸三也是记忆界的王者。据说他面对一张群鸟齐飞的照片时，只需扫一眼，便能在脑海中进行一比一的复刻，还能细细数出原图里有多少只鸟。

聪明背诵的另一个核心理念是点阵联结，即不要孤立地记忆不同的知识点，而是要把有关系的事物联结起来，构成知识体系，记得有逻辑、有层次。

比如，“兔子”这个概念，就可以和雪、胡萝卜、南天竹的红色果实产生联结；“澳大利亚”就可以和袋鼠、考拉、牛肉等结合起来，构成知识点阵图。

当一个点被放进一张网、一个矩阵中时，它的呈现方式就能变得立体生动，记住它的可能性也大大提高。就算一时忘记，我们想再凭记忆把它提取出来，也会简单不少。

记忆新单词时，把一个词语及其反义词、语法上的变化形式等一起记住，效率肯定翻倍。要学习“主观”，就顺便把“客观”也记住；看到“抽象”，就连同“具象”一起理解。英语单词也是同理，把词根、词缀及类似的多个词一口气背下来，反而比一个一个单独地记记更容易。比如把 subject（使服从）、object（提出反对）、subjection（服从）、objection（反对）

一起背下来，那么以后只要想起其中一个，就能记起这一连串的词，不怕混也不怕忘。

记忆就是让我们想调取曾经接触过的某个知识或一段场景时，大脑听得懂指令，还找得到对象。但如果大脑不把每样东西理解清楚，并归纳收藏好，那么它怎么听得懂指令，又该上哪儿去寻找对象呢？

用“为什么”征服文科和理科

文科[①]是很多同学的噩梦，原因是“要背的东西太多，没意思”。老师在课堂上会罗列一堆观点、史实，外加一句“好好记住它们就能拿分，别的不用管”，难怪孩子们会认为“背诵为王”，觉得这些科目像一本本死气沉沉的辞典。

文科原本应该是培养思辨精神，让人学会问“为什么”的学科，灌输知识反而在其次。孩子从问出“为什么”开始，到穷尽自己所有的知识、经验去解答它，这个过程才是最有趣和有意义的。如此反复进行训练，他才能掌握问为什么的诀窍，从而真正具备提问的能力。

---

① 指政治、历史、地理等科目 。——译者注

学习日本古代史时，学生应该问“政府为什么要在 743 年颁布《垦田永年私财法》？”

学习理科时，学生要问：“质量守恒定律为什么重要？它有什么作用？”“爱因斯坦说的‘重力’与牛顿说的‘万有引力’哪里不一样？”

孩子满脑子问号，动不动就有难题抛给大人：“太阳为什么就是红色的呢？”“小鸟为什么能飞上天呢？”……这些天真可爱的问题反映着人类与生俱来的提问能力。

但日本的教育制度却把人越教越死板，孩子们越学越无趣，越来越不会质疑和提问了。沿着这条扼杀思辨力的道路走下去，别说激发理性思考了，恐怕连吸收知识都是奢望。

越是学校给不了的能力，家庭就越要补足。

看新闻节目时，家长可以问孩子：“政府将消费税[①]提高至 10% 了。为什么一定要这样呢？”还可以问：“把茶水放进矿泉水瓶子里再冷冻的话，居然会膨胀成这个胖乎乎的样子！这是什么原理啊？”家长提出的这些不太难却又引人思考的问题，对孩子来说是非常有效的思维训练。

有时候孩子投来一个“为什么”的问题，家长却不知道答案

---

① 在日本境内购买商品时，消费者要在定价以外再支付相当于定价 8% 的税金，即消费税。——译者注

时，可以和孩子一起查询答案。家长完全无须感到压力，直说即可：“妈妈也不知道这是为什么，那咱们一起去查查看吧！”

有时，即便家长心里有答案，也可以拖一拖，比如“有个网站把你的这个问题说得特别好，我带你去看”“那本书里应该讲过这个问题”。给出方向，让孩子自己去找答案也是一种训练。如果时间允许，甚至可以把孩子带到博物馆、历史遗迹现场等进行实地考察。

机会难得，不如继续深入。如果孩子找到了答案，家长还可进一步提建议：“总算搞明白这个问题了，真不容易！要不把答案总结一下，记录下来？”于是孩子的写作能力也会一并得到提升。

家长可能也在探索和求知的过程中感到其乐无穷。这种状态特别值得鼓励，因为此时家长的言行就是给孩子最生动的示范和参照，家长眼中的惊喜和满足是知识照进孩子现实世界里的一束光，家长就是他愿意成为的那种大人。

通过实践得到的真知，那些行过的万里路与读过的万卷书，远比从教材里背来的知识点鲜活而生动，深入又立体。

体会到了探索的快乐，才会养成发问的习惯，享受解答的过程。这种良性循环才是理性思维的本质和核心，对此我深信不疑。

玩得好才能学得好

这些年来，我一直在自己写的书里反复强调玩耍对男孩的重要性。当然，我说的玩耍可不包括打电子游戏。那些让人躺在沙发上，“开关一开，快乐就来”的娱乐是我向来不赞同的。我希望孩子们亲近大自然，去爬树、钓小龙虾都行，或者去户外和小伙伴们一起野，捉迷藏及其各种衍生游戏都是上乘的“野法”。抑或可以一个人静下心来“烧烧脑”，玩解谜、走迷宫等游戏。

如果孩子在幼年时把这些游戏玩过瘾了，那么他在进入学校后，需要刻苦学习时，就能迅速进入状态。

父母可能有疑惑，怎么玩得越多还学得越快了？我一般会回答：“咱们来想象一个大筐，里面什么也没有。”男孩们的心里天生就有这么一个筐，一开始空空如也。但随着时间的流逝，他在玩耍中积累的经验和体验会把这个筐越填越满。等到筐里已经填无可填时，他就玩够了甚至玩烦了。此时让他收心去学习是一点阻力也没有的。

此外，他通过玩耍学到的各种能力还能促进学习，提升学习效率。比如爬树时脚踩在哪里是能承重的，哪里又是必会折断的，就与重心理论和杠杆原理相关。喜欢走迷宫的孩子其实有很强的逻辑思维能力。

有些父母一看到孩子玩就眉头紧锁，忍不住催促道：“你别光顾着玩啊，赶紧学习去！”

其实玩耍也是一种学习，家长要允许甚至鼓励孩子玩个痛快。玩这件事真是多多益善，无须焦虑。

我还想补充一点，幼儿期的男孩最好能有个玩耍的核心项目，家长要创造条件，让他能持续而深入地玩到位、玩痛快。项目本身是什么并不重要，昆虫采集、植物栽培、铁路研究等都没问题。重要的是，家长不要干涉孩子的选择，让他探索并找到自己的兴趣点即可。如果孩子常常能专注于同一个项目，每每玩起来都能达到物我两忘的状态，那可再好不过了。

意大利教育家蒙台梭利就大力提倡这种沉浸式的玩耍。我的学生中不乏玩得好、学得更好的尖子生，回顾他们的成长经历就能发现，他们在幼年时期多少都有过这种专注而沉醉的玩耍体验。现在看来，他们何其幸运，能在感觉发育的敏感期获得畅玩的机会与条件，在幼儿期便为其一生的聪明伶俐打下了坚实的基础。

也许有父母会扼腕叹息，自己的儿子已进入青春期，是否就错过了在玩耍中提升能力和训练思维的时机了呢？其实进入青春期再培养也不晚，哪怕到了中学都有机会。

有一天，一个毕业已久的学生给我打来电话。他毕业于顶级学府东京大学，之后进入一家广告公司工作。他告诉我，广告行业极其看重员工的创新能力。但在这里干得风生水起的人，往往都毕业于大众心目中那些“二流”的私立大学，如明治大学、法政大学、立教大学等。相反，来自早稻田大学、庆应义塾大学等名校的毕业生却很难出彩。原因是，前者在中学时代有着丰富多彩的课外活动经历，且从不错过任何校园活动，积极参加学生文化节、运动会等活动，且乐在其中。除此之外，大家对各种“青春必修课”也全力以赴：谈起恋爱来甜甜蜜蜜，失恋时也承担一切心酸与心碎。这些体验丰富的少年，自然明白百倍于人的酸甜苦辣与人情练达。工作后，和别人比试灵气与创意，看谁的作品能在打动观众和甲方方面屡战屡胜？

鱼与熊掌，不可兼得。东京大学以及那些瞄准东京大学但最后不幸“滑落”去早稻田大学或庆应义塾大学的学生，在中学时肯定过着“头悬梁，锥刺股”的生活。从某种意义上讲，他们中的大多数人并没有体验过真正的生活，缺乏经历和经验来激发自己的灵感。这些“考试高手”离开了考场，就创意平平，再也交不出“高分答卷”了。有的孩子沟通能力往往也惨不忍睹，难在行业竞标中脱颖而出。

未来时代需要的人才一定是多元且灵动的。孩子的分数可能已经没那么关键了，关键是在书桌以外的广阔天地中，他对什么事情倾注了多少热情，又得到了哪些体会。

妈妈
笔记
4

儿子叛逆期怎么保持好成绩

- 让儿子自己制定学习的时间表，妈妈只做提醒而不是催促。
- 让儿子记住“学习是为了给将来留下更多选择”，而不只是“找个好工作”。
- 当儿子尝到了理性思维的甜头后，他就能开开心心地主动学习了。
- 除了提高阅读、写作、心算、逻辑思维能力，让儿子提高试错能力也是提升其理性思维能力的关键。
- 决不允许他边听音乐边学习。

第 5 章

让男孩茁壮成长

10 岁，男孩关键期

男の子は 10 歳になったら育て方を変えなさい!

创造条件，强化自信

我坚信一个人生来就拥有无穷的智慧和勇气。此外，每个人一定都被赋予了某种专长。所以，人类才能在这颗星球上生生不息，成功渡过数百万年的洪荒与灾难。若非我们天赋异禀，何来如此幸运？

但并非每个人都能完全释放出自己的潜力。那些与生俱来的智慧、勇气与禀赋，如果没有伯乐来发掘，则永远只会沉睡在我们的躯体里。

自信就是一种相信自己的天赋。它本是上天赐给每个新生儿的礼物，伴随第一声啼哭，定会和孩子一起来到这个世界。

自信如同一颗种子，“体验”就是它的阳光雨露，使它生根、发芽、开花、结果。

过去，男孩们在成长中自然而然便会获得丰富的玩耍体验，比如爬树。刚开始，毛头小子们连树枝都抓不稳，只能心惊胆战地一边观察大孩子的动作，一边小心往上蹭。他们要经历很多危机和恐慌：“完了完了！我要掉下去了！”“不好！这根树枝要断了！”只有在他们克服了各种心理障碍后，才敢向最高点发起冲锋。最后一举“登顶”时，胸中澎湃的成就感和优越感溢于言表……从这段经历中孕育出的自信，将激励他们勇敢面对下一次的挑战。

但城市孩子却没什么机会爬树。公园里的树大多禁止攀爬，偶尔有能爬的，家长又如临大敌：“太危险了，宝贝别去爬！”大家都是这样长大的，能给小孩子做爬树示范的哥哥姐姐自然也没有了。不知不觉中，公园变成了休闲聚会的场所，而不再是孩子们尽情撒欢的地方，能玩的只剩卡牌或桌游而已。

卡牌游戏的规则简单极了，谁的牌更强大，谁就能赢。钱花得越多，牌就越多，也就更有机会抽到厉害的稀有牌，这完全是金钱游戏罢了。手机端的卡牌游戏也是一样，只不过卡牌都变成了虚拟的而已。卡牌游戏中的赢家虽也很得意，但这种得意跟自信心没有半点儿关系。

家长想要培养孩子的自信心，可以适当地创造条件，让孩子广泛地去体验真正的赢才能带来的自信感。

我建议给孩子设置跳一跳才够得着的目标，让他酣畅淋漓地

努力一场。他成功后，父母要记得给予真诚的称赞。

称赞也有讲究，一句敷衍的“不错”或“真棒”在孩子心里是激不起什么浪花的。父母应该明确说出孩子的哪个行为让人眼前一亮，或大家在某件事上佩服他的具体原因是什么。比如：“你刚才 ×× 的做法实在是厉害！”父母不断给予孩子有效的关注和赞许，就能强化孩子的自信。

假设孩子历经无数次尝试，在单杠上终于做出了向上翻越 360 度的动作，那么他最想要的就是父母及时而诚挚的称赞：“儿子，你成功了！你从白天练到了天黑，真是功夫不负有心人！”

孩子给大人帮忙时，家长如能在表扬之后加一句感谢，就更锦上添花了：“谢谢儿子，刚才多亏了你。”被人需要和感激很幸福，这能激发出孩子更高的斗志和行动力。

当然也有太多时候，一分努力不一定换得回一分收获。所以，对父母来说更重要的是教孩子勇敢面对挫折。

我想起了一对父子的故事。男孩在学习和运动方面都乏善可陈，唯独钟爱且擅长钓鱼，甚至当上了钓鱼爱好者协会的会长。

父子俩曾专程奔赴夏威夷，去钓一种名为马林鱼的大鱼。他们乘船抵达了马林鱼的活跃区，然后放竿并苦苦等待了好几个小时。可惜的是，一系列规范又耐心的操作只换来了一无所获的结局。

父亲只好无奈宣布：“今天只能这样了，咱们回家吧！”然而就在说话的瞬间，鱼漂出现了强烈的动作，这意味着可能有马林鱼上钩了！

那是条目测重达200千克的巨型鱼，上钩后的收竿与捕获将极其艰难。父子俩严阵以待，接下来整整1个小时都在小心翼翼地控制拖拽的速度与力度。唯恐哪个瞬间没把握好分寸，便让鱼趁机挣脱了。终于胜利在望，还差最后一点点就能成功捕获时，男孩眼前出现了出人意料的一幕：只听啪的一声脆响，鱼线竟然断了。

男孩如同在百米冲刺的最后关头被人挥了一拳，狠狠跌倒在终点线前，还得看着对手从自己眼前从容地跑过，潇洒取胜。回到酒店后，男孩消沉不已。父亲于是说道："儿子，那条大鱼跑掉了可能是件好事，这是给咱俩上了一课啊。人生不可能总像你期待的那样美好，胜败乃兵家常事！"

"塞翁失马，焉知非福。"笑对阴晴圆缺，才能从容一世。**接受挫折，是强化自信的一种方式。**

打造强悍的男孩

强悍的男孩是什么模样？我们脑海中可能会出现在运动场上挥汗如雨的运动男孩形象。他们练到气定神闲又斗志昂扬，比赛中永远奋力打拼，不言放弃。

我是不是认为想培养出强悍的男孩就必须得练体育？那倒未必。相反，我还觉得体育项目塑造出的强悍感略显肤浅了，一般说来这类人只是体能和耐力比常人强而已。

真正的强悍，更多的是看一个人追求目标时能否矢志不渝，看他遇到障碍和苦难时能否不屈不挠。

哪怕他心气过高，目标太远，一路扑腾下来已经筋疲力尽，但面临一次次的挫折，他也能逼自己一次次地站起来。然后，他能振作疲惫的灵魂，重新开始拼搏。这才是真正的强悍。

很多英雄就是要在屡战屡败的磨炼后才能涅槃重生。然而很多时候，一番彻骨之寒也不一定换得来梅香十里。执着的人却总能坚持到让自己不留遗憾的那一刻，且一次更比一次坚韧不拔、意气风发。于是我们才知道，世间果然只有一种失败，那就是半途而废。

有这种强悍精神的孩子，面对任何目标都能全力以赴。升学考试自不必说，他将来也不会被职场压力击垮，当然更无惧运动场上的疲乏与伤痛。

足坛明星长友佑都在大学时代也经历过至暗时刻。当时的他状态跌到了谷底，有时连候补席位都坐不到。但他没有放弃，经过艰苦卓绝的训练，一举闯进了职业球队，还入选过国家队。他后来加入了意大利国际米兰足球俱乐部[①]。

不只长友佑都，任何有优异表现的人都是如此。我不喜欢“赢家”“输家”的说法，但非要定义的话，有决心和毅力、扛得住压力的人肯定会是赢家。

小孩子里当然也有强悍的和不强悍的，一看便知。我观察自己班里的孩子玩棋类游戏时就发现，越是能沉住气玩到最后的孩子，就越可能会赢。即使棋局看上去危在旦夕了，他们也能沉稳以待，抓住机会便能反败为胜。

但也有敏感脆弱的孩子，简直一击即倒。下棋时但凡己方的局势开始走低，他们便兀自起身，满脸不爽：“不玩了！”不知道他们是在成长过程中渐渐变得消极的，还是天生就对挫折没有招架之力。

那么如何培养一个强悍的男孩呢？

我又要老生常谈了：让他去广泛地实践和挑战，去享受成就感，去品味成功带给人的充实和喜悦。

挑战的项目没有限制，但凡孩子有半点儿兴趣，由他去便是。非要让我建议的话，我比较推荐爬山。

无论今天要爬哪座山，一旦动身就一定会有目标——登顶。所以，在攀登的过程中，我们有清晰的方向和进度感，登顶时也

---

① 本书成书时的2019年，长友佑都正效力于土耳其超级联赛劲旅加拉塔萨雷队。——译者注

能体会到明确的成就感。如果全家能一起去爬山就更好了。家长可以一路鼓励孩子，特别是在他想放弃时推他一把："儿子加油，再爬一段吧！咱们一定行！"

山路可能崎岖，甚至不时惊险。遇到有难度的山，其中的苦涩便真的只有攀登者本人才能体会。但当孩子终于登顶，体会到"不畏浮云遮望眼"的成就感时，心中一定感慨万千："还好半途没放弃，坚持到底太对了！"

我多说一句，电子游戏也有关卡设置，看上去它们也有明确的目标和进度感。但是，玩家所处的世界是虚拟的，胜败都没有真实体感，输了就输了，大不了点击一下"复活"或"重置"就好。

电子游戏毕竟还是少了几分真意，难以刺激出一个人在几近崩溃或绝望的境遇里才能爆发出的坚韧与勇敢，也无法让人体会到"吹尽狂沙始到金"的英雄气概，或"宁可枝头抱香死"的无怨无悔。它给人的成就感终究还是虚浮了。

找到学习乐趣，自然能集中注意力

常有妈妈向我求助："儿子在课堂上总是不能好好听讲，太让人头疼了！”

不能专心听讲已是大问题，但它其实还能引出另一个更严重的问题——孩子无法理解课堂内容。如此，孩子的成绩肯定更是一塌糊涂，于是，家长们会越发焦虑。

到了小学高年级或初中，孩子在表面上是坐得住了，终于不会再在课堂上突然起身、四处乱跑。但父母稍加观察就会发现，孩子本质上还是老样子，坐到课桌前就开始分心，不一会儿便开始看漫画、玩游戏。

看到孩子除了学习以外对什么都感兴趣，妈妈真是无可奈何。于是妈妈们感到时间紧迫了，想尽各种办法要解决孩子注意力不集中的问题。但我想问个问题：大家真的了解“注意力”吗？

很多人心目中的注意力就是“能长时间地做一件事，且在此期间向这件事倾注自己所有的精力”。在这种专注的状态下，一个人坚持的时间越长，他的注意力就越强，当然他就越了不起。

但这个定义经不起推敲啊！平时再没有注意力的孩子，玩起解谜游戏来也能聚精会神；有些孩子是漫画一入手，就“两耳不闻窗外事”了；玩电子游戏时更是几个小时都不嫌累……如果长时间地专注于一件事就等于注意力集中的话，这些孩子谁不是集中注意力的高手呢？

真正让人无奈的是，这些神奇的专注力遇到学习就无影无踪了。如果有一天，电子游戏成了一种学习工具或家庭作业，那孩子肯定深陷其中，想停都停不下来。

孩子不是不能集中注意力，只不过前提是所做的事情足够有趣，让他热爱。所以，要让孩子在学习上也心无旁骛，就要教他领略学习的乐趣。家长或者引导孩子找到学习的好方法、巧思路，或者帮孩子树立有效的学习目标，重中之重就是让学习成为他的热爱和兴趣。

让我们重新看看注意力的定义，搞清楚它的真正所指。

我们知道，当一个人专注于一件事情时，他对周遭环境和其他刺激便不再敏感，甚至彻底“失”感。当他完全沉浸在某件事或全神贯注地阅读、品鉴什么时，可能连蚊子的叮咬都感觉不到。类似经历估计很多人都体验过，比如在地铁里看书看到坐过站都不知道。所以，注意力过度集中也不见得是好事，它可能让我们忽略了其他重要的信息。

我会把“集中注意力”解读成“集中”和“注意”这两种能力的有机结合。后者的意思是，对事情的整体状态和进度情况都有所把握，且时刻保持对重大变化和关键信息的警醒。听上去这和“集中”很像，但“注意”的要点在于它的关注面更宽，对神经触点的分配更均衡。

所以，真正的“集中注意力”是既能集中精力，不被其他事物干扰，视野也不会过度狭窄，以至错过任何关键变化或信息。

我希望孩子们都能做到的集中注意力，就是这种“抓大还不放小”的状态。

骑自行车时，如果一心只看正前方，肯定是要出事故的。说不定就会从哪儿窜出来一辆车，所以前后左右各个方向都要注意，甚至还要格外留心远处传来的大货车的鸣笛声。一次安全的骑行，需要眼观六路、耳听八方。

运动时，我们同样需要“集中”和“注意”两不误。踢足球时，球和人的动向都得注意，缺一不可，否则不可能避开重重障碍去射门。打棒球时，投手如果仅仅关注自己手上的投球动作，而不去观察和分析对方跑垒员的策略，从而选择正确的投球时机和方向，那就可能让对方跑垒员抓住机会，率先跑到垒台。依据棒球规则，这就是被对方盗了垒，可能就直接丢分了。

在校园里嬉戏打闹时也需要集中注意力，要不然可能跟路人撞个满怀，或一不小心滚落楼梯，狼狈又难堪。

学习时就更需要“集中”和“注意”两者兼顾了。考试时要拿高分，就少不了合理分配时间。如果在一道题目上纠缠过久，就可能耽误后续答题。常常有孩子刚开始做最后一个大题，交卷的铃声就响起来，结果白白丢分。

其实在原始社会，我们的祖先就已经能正确地集中注意力了。捕猎时一定要时时警惕，四处打量，满眼若只看得到远处的猎物，就可能忽略了脚下的毒蛇。采集树上的果实时，也要留心周围环境，万一只管摘果子，却没注意到从背后伏击的猛兽，最后也是死路一条。

在自然界生存就是时刻与危机相伴。“集中”和“注意”，不可放松其一。让孩子参加野外生存或远足等活动，或许还真是提升注意力的好办法。

细细想来，很多户外活动都很有意义。钓鱼时不能只看鱼漂，还得留心潮水的流向和潮汐的进退；骑马时不能只管收缰绳或放缰绳，还要顾及前面哪些地方有什么障碍物、马的状态如何等。每种活动看似简单，但其实都是一组行为的集合。

经常让孩子去体验这类活动，一定能帮他提高注意力。

呵护男孩的创意

很多妈妈都发现，男孩总比同龄的女孩幼稚很多。小男生总是天马行空，且容易被一些无聊或荒诞的事情吸引。进入叛逆期也不例外，男孩还是容易玩起来就放纵自己。

日本很多连锁餐厅都销售可以自助续杯的饮料，客人能不限种类和次数地自行取用。这个服务深受小朋友们的喜欢。

不过男孩与女孩在续杯的方式上大不相同。女孩一般都能拿定主意，每次只取一种，第一次或许喝橙汁，第二次或许喝冰茶。

但男孩就喜欢搞怪，常常玩得不亦乐乎：“快看！我把可乐、橙汁、葡萄汁混在一起了。”另一个男孩会说：“你这配色不行，太脏了！我这杯是橙汁和哈密瓜苏打水混的，还加了冰茶。瞧瞧，多漂亮！”第一个男孩不服气了：“看颜色有什么用？饮料是用来喝的。我这杯就特好喝，味道绝对一流。”拥有这些奇怪配方的饮料，谁会想喝？

家长忍不住想问：“儿子，你成天折腾这些奇奇怪怪的玩意儿，图什么啊？”但正是这些在大人眼里奇奇怪怪的玩法，激发了孩子的创意与想象力。

男孩那些不可思议的行为里有仅限他本人才懂的乐趣。你可能会看到自己儿子在奋力拆掉一个废弃的磁带录音机，或大胆地开发出了神仙都不敢吃的“创意料理”，或津津有味地欣赏并收集各种昆虫……

我懂家长彼时的焦躁、无奈与困惑，但请一定克制住，不要对他咆哮：“你有这瞎闹的工夫，不如去学习啊！”否则他心中好不容易萌发出的创造欲与探索欲便被家长一把浇灭了。家长可以摸着孩子的后脑勺，由衷地赞叹：“这个创意太厉害了！你是怎么想到的？”

男性的思维方式很直接。在他们心中，“妈妈夸我”就等于

“我做得好”，能推导出“我还要做得更好”，于是得出结论：“下次我得找点儿更刺激、更有意思的事情来做！”

下一次他又得到家长的赞许后，一定能更有干劲儿，再下一次灵感也会来得更快、更有意思。如此一来，男孩的思维便越来越活跃，创意的新奇度也不断提高。他有一天就会变成一个一天到晚创意不断、折腾没完，但搞不好还很有意思，也有产出的大人。这也不错啊！趁男孩童心未泯，让他的创意更自由和疯狂些吧。

男孩的好奇心价值千金

如今的家长很容易陷入“如果……就……”的思维陷阱中。很多人相信：“孩子如果将来想进入知名企业或世界 500 强企业工作，就一定要考上一流的大学；如果要考一流的大学，就一定要从小狠抓学习；如果从小狠抓学习，就一定要……”结果变成家长一掷千金，在报班和补习上毫不手软。孩子从小学低年级便开始拼命做题，誓要从人生的第一个“如果”开始一路狂飙突击。

遗憾的是，那些一流大学的毕业生、象牙塔顶端的精英，也不一定都当得了职场精英，甚至不一定能为企业带来高价值。

道理很简单：他们中的很多人早早地便丧失了好奇心，所谓的优等生，只是擅长背死知识，对填鸭式的教育有极大的耐受力而已。但一到比实操能力的时候，他们就会发现自己缺乏创造性思维和实操能力，考再高的分数也无计可施。

创造力、应用能力从何而来？好奇心是它们的基础，平时从不感叹“这事儿真神奇”，也从不问“这是什么原理”的人多半是麻木呆板的。只有从小就被好奇心灌溉着长大的人才能在工作中不断想出新点子，给大家提供新思路，发挥无穷的作用。

培养好奇心的方法其实不难，下面我重点探讨两个方法。

培养好奇心的第一个方法是，家长可以多带孩子去参加户外运动，让孩子收获丰富多彩又脚踏实地的体验。能尝试的项目太多了，冲浪、骑马、爬山等都可以。亲近大自然的最佳方法就是野营，我极其推荐，因为它其实包括了很多子项目，如捉昆虫、爬树、野钓等。找地方激发好奇心并不难，但凡有自然景物，就是好地方。

野营时的第一个项目就是生火，这对于小男孩来说可太有趣了。他要收集小树枝，了解点火的方法，并思考怎么挑选和码放木头才能把火点得最快最旺，以及万一火苗变弱该怎么抢救。孩子要时刻与火斗智斗勇，既要会生火也要会熄火。他要一直注意火势的变化，全程充满了挑战和乐趣。

夜幕降临，万籁俱寂时，孩子会听到木头燃烧时噼噼啪啪的崩裂声，会沉醉于观察起舞的火苗。近在眼前的新奇景象撩拨着他稚嫩又强烈的好奇心。

电视、电脑屏幕的画面，与此时亲身感受的真实体验是无法相提并论的。因为身临其境时，孩子是可以和自然进行“二次互动”的。

比如他看到一只蝴蝶飞来，好奇心可能瞬间就被激起：“哇！你怎么可以这么漂亮！”孩子停下脚步，开始安静地欣赏这位不期而遇的昆虫朋友。

他想看得更真切时，可以上前一步，躬身凝视，于是便能看清蝴蝶翅膀上的花纹和细微处的颜色。顽皮的孩子可能还会伸手捕捉。这就是和大自然的进一步互动，也就是我所说的“二次互动”。比起看屏幕，这种互动要生动得多。人类有一种本能，总想更深入地了解自己感兴趣的事物。所以，好奇心是没有上限的，二次互动可以满足和升华这种本能，并刺激孩子产生更多的探索欲。

与蝴蝶的二次互动可以进行很多轮，孩子可能还想知道这只蝴蝶的名字。他会翻出动物图鉴或百科来查找一番，这一找便可能认识更多美丽的蝴蝶，令他大开眼界。世界上有那么多的蝴蝶，肯定有很多小“粉丝”在研究它们及其生存环境，孩子们的每一次主动探索都意义非凡。

一只鲜活的蝴蝶能在孩子身上激起一系列连锁反应，在层层深入又逐渐开阔的探索中，他的理性思维也能得到更好的发展。

杰出的学者、科学家都会在研究中不断地提出新问题，持续地产生新的好奇点。他们像孩子享受与自然的二次互动一样，单纯而执着地在科学的世界里与客观世界进行二次互动，推动着人类的历史与文明一次又一次地向前发展。人类才生机勃勃，生生不息。

真实世界里的蝴蝶带给孩子的好奇与感动，是电视和网络永远无法提供的。电子屏幕当然也能逼真地显示出蝴蝶的模样，但却只允许孩子去看，不可能让孩子走近去触摸它。

于是，孩子们与生俱来的宝贵好奇心便被电子屏幕里浅尝辄止的说明扑灭了。被动地接受别人投喂的知识和主动的二次互动，是截然相反的两件事，对好奇心产生的效果也截然相反。

进一步讲，即使是在让孩子“看”的这一步，电子屏幕和大自然的效果也有云泥之别，后者所传递的信息和提供的体验会丰富得多。比如营地里的篝火会给孩子传来阵阵热浪，烟雾中还夹杂着树枝挥发出的木质香气。视觉、触觉、嗅觉同时在体验一场“旅行”。孩子如果亲眼观察过一只蝉破壳而出的过程，那么在未来的每一个酷暑，每一次被夏季凶猛的蚊群攻击后，他都有可能想起蝉那羽化新生的身姿，记忆历久弥新。

真实体验的鲜活度与趣味性是无与伦比的。论对头脑的震撼、给心灵带来的感动，再先进的电子屏幕也达不到真实体验一半的水平。

培养好奇心的第二个方法是，家长参与到所有能让孩子惊奇或感动的事情中去。

其实这是在孩子学龄前就该做的事情，但从叛逆期才开始做也不晚。

如果孩子回到家后，兴冲冲地找到妈妈，激动地说：“妈妈你看，今天的夕阳好漂亮！”

妈妈就可以与孩子一起眺望。此时家长大可直抒胸臆地分享感动，夸张些也无妨：“真的好美！这样的夕阳很难遇到，太震撼了！谢谢你告诉我。”孩子感到自己的情绪被家长认可、接纳，心中的感动便被赋予了一层更深的含义。这种感动将牢牢地刻在他的心间，成为记忆中温暖笃定的一瞬。

家长也可以主动发掘身边的美，邀请孩子一同欣赏：“今晚夜色不错，星星很多，能看到银河哦！”“花园里树木都长出新叶了，这个季节的绿色真是美啊！”也许大多数时候孩子都兴致寥寥：“哦，那又怎样？”但星移斗转中，他的感官还是会被打开，多少还是会有美与感动残留心间的。

与美好的事物相遇时，好奇心定会伴随着感动和惊艳怦然而来。把这些无形的心灵体验于现实世界中展现出来，就是艺术。所以，艺术是情绪的结晶与表达。

有些音乐家总让观众觉得：“明明这位表演者的小提琴技术是无懈可击的，但总感觉缺了点儿味道。”原因就在于演奏者只弹出了旋律，没弹出意境和情绪。我们欣赏一件陶艺品，总能为艺术家注入其中的匠心与灵气倾倒，在那些从流水线上生产出来的陶瓷产品身上却很难找到这种感染力。

音乐、绘画、摄影、陶艺……任何一种艺术都凝聚着艺术家的心血和情感。如果孩子从小就能多接触艺术和艺术品，那么他的好奇心和感知力定能得到长足发展。

提起艺术，妈妈可能发怵：“艺术太高深了吧，我不懂啊。”不过没关系，我想问问各位妈妈是不是每天都会亲手给孩子做饭呢？是的话，这件事里就有一个接近情感表达和艺术作品的好机会。

妈妈手中的每一道菜，虽然看似日常，但都是凝结着各种巧思与情绪的。我们可以采用最新鲜的食材，制成营养均衡、口感鲜美的菜肴，并通过它们让孩子体会到四季更替。妈妈还可以根据天气、家人的活动情况等灵活安排每日的菜单：“天热了，今天最适合吃口感清爽的菜。”“孩子在今天课外活动的运动量应该很大，那我要做点大菜，肉得加够！”妈妈们的厨艺或许有高有低，但只要用心独到，菜品带给家人的感动肯定远远强过冷冻食品、半成品、便利店的盒饭等。

唯有一个原则请家长注意，即“不勉强、不逼迫”。色香味俱全的餐食也好，钟灵毓秀的美景也好，超凡绝尘的艺术品也好，孩子自己得主动感到惊艳才行。家长不要强迫他去欣赏或感动。

在非洲，人们欢欣鼓舞时，是真的会随着欣喜的情绪而击鼓起舞的。非洲大鼓的节奏雄浑激昂，能带动整个部落都欢快起来，不知不觉间舞之蹈之的人便越来越多。家长要培养孩子的好奇心，就要让他产生这种自发的参与行为。

日本传统戏剧“能乐”的集大成者世阿弥曾指出，师父引导年幼的弟子学习能乐时，要给弟子足够的自由和空间去探索及体会。师父不要处处加以评判，不要告诉他什么就是对的、哪些就一定错了。此言妙哉！

自己解决问题，学会独立思考

前文说过，男性思维的特点是比较理性，任何时候都喜欢有一说一和有理有据。这种特点最大的用处就体现在寻找问题的解决方案上。

遇到问题时，解决思路可能千变万化，但大抵能被分为两类：一类是先解决 A，在此基础上解决 B，然后是 C，依次类推，直至彻底解决问题；还有一种就是大胆猜想，快速找到突破口，最后使巧劲儿一举得出正确答案。

上述两种思路，男性都非常在行。抽丝剥茧也好，剑走偏锋也罢，总之男性真的很擅长解决问题。妈妈们要珍惜这“天赐神力”，好好培养男孩解决问题的能力。

培养方法无外乎还是让男孩去充分地体验和挑战，积累不同领域的经验。遇到的问题越多，他需要动的脑筋就越多，于是心中积攒的知识和技术也就越丰富。将来再遇到问题时，他就有更多的方案供自己选择，更能灵活应变。

培养好奇心的最佳方式就是出去疯玩。自家附近的公园、一大块安全的空地等，都是好奇心的强力触发器。看看我们这代人，谁不是打小就“撒欢”于这些好地方，一玩就玩到天黑，还动不动就闯祸？比如：“我把棒球打到人家院子里去了。糟糕，窗户玻璃被打碎了！”“帽子掉泥塘里了，这可是我特别喜欢的帽子，唉！”“爬树时一脚没踩稳，树枝断了，害我整个人掉下来。”

每每遭遇危机，小伙伴们都会齐心协力，建言献策。好朋友们风雨同舟是外出撒野的大前提，毕竟惹了麻烦，闯了祸可是万万不能让家长知道的。“三个臭皮匠，顶个诸葛亮”，喧嚣吵闹之后，一切还就有惊无险地过去了。但也有可能越救越乱，最终还是得请出家长来善后。家长一旦出马，孩子们就肯定没好果子吃了。不求孩子们次次都能把问题解决得天衣无缝，但求他们能有直面问题开动脑筋的锻炼机会。

但现今的孩子们却甚少有这样“泰山崩于前”的危急时刻。即使有，多半也是在电子游戏的虚拟世界里。游戏主人公血槽空了或没命了，按一下“游戏重启”键便瞬间解决。

所以，我想再次强调：让孩子们去露营或参加夏令营吧，让他们在大自然中摸爬滚打，他们才能锻炼出解决问题的能力。

出去露营时，最好两三个家庭带着各自的小孩同往。安营扎寨的一切工作尽可能都交给孩子们，从扎帐篷到生火、做饭等，家长只需从旁提供建议即可。不到万不得已时，家长不要出手干涉。

可想而知，整个过程一定会问题不断。孩子们可能搞不明白那么多根帐篷支架到底要怎么定位和支撑，搞不好他们会把整个帐篷上下颠倒。但家长要的也正是让孩子们在试错中一起绞尽脑汁解决问题的体验。

再成熟的营地都有危机发生，孩子们可能发现自己忘了带菜板，然后还怎么都生不起火来，过一会儿居然还眼睁睁地看到一阵狂风把大家好不容易扎好的帐篷掀翻了……但再大的问题都有解决的办法。越是危急时刻，孩子们越是要沉住气去思考：“我该怎么做？”如果真的凭他们自己的努力解决了问题，那么这段经历就将强化他们的勇气和智慧，增强他们的自信心。回归日常生活后，他们再次遇到困难时，也不会惊慌或本能地向父母求助了，肯定可以静下心来尝试自己去解决。

另外，孩子们能遇到的问题中，还有一大类是为人处世方面的烦恼或矛盾。处理人际关系也需要经验。

一开始在小学阶段，他们的人际矛盾还都是些微不足道的事，比如我不小心在你的笔记本上乱写乱画了，你又不乐意借我橡皮了……问题本身很简单，解决方法也直截了当。孩子们从小事开始，练习处理人际纠纷，积累了一定的经验后，就能面对初中阶段的“高层次”问题了。初中练就了高级的技能，高中自然又能更进一步。年龄的增长将给孩子的人际关系带来更复杂的困局和挑战，但只要他们循序渐进、逐步积累，就一定能得心应手。

有问题意识和解决能力的孩子，遇事时肯定能灵活应对。此外，当他们看到其他伙伴间起了纷争时，也会积极调和。且对于这样的孩子来说，很多时候他们根本不会等到事态恶化到不可收拾才动手解决。他们常能在第一时间就嗅出端倪，然后根据经验做出判断，从而把危机解决在最初阶段。用一个大热（但我其实并不喜欢）的词语来形容，这就是所谓的“高情商”男孩。

现在，年轻家长生怕自己孩子吃亏，遇到孩子间的矛盾便出手相助或从中斡旋。于是孩子间的矛盾时不时上升成了家长间的矛盾。家长把一切都处理好了，孩子当然就学不到东西了。

有些事态如果已经严重到了家长不得不介入的程度，家长自然应当该出手时就出手。除了这些特例以外，我希望家长能放心就放手，多给孩子机会去实践和体验。

一味地呵护和帮助，并不是正确的育儿思路。

妈妈
笔记
5

让儿子真正自信的秘诀

- 给儿子设置跳一跳才够得着的目标，成功后给予真诚的称赞。
- 爬山是能锻炼儿子决心、毅力和韧性的绝佳活动。
- 呵护儿子那份特有的幼稚与童心，这是他生发创意的源泉。
- 让儿子去露营，在大自然中摸爬滚打，能更好地锻炼出其解决问题的能力。

第 6 章

让男孩自立自强

培养面对挫折的斗志

打架打输了，男孩们常会抛出一句经典台词："你给我记着！"

这似乎只是无力还手的输家最后再嘴硬一次。但认真一想，这句话的另一面是"我迟早会报复回来的"。这种"不服输"与"等着瞧"其实价值连城。

打架认输是男孩能体验到的最惨烈的心理打击。此刻的屈辱、伤痛、不甘，远强过考试时落后同学几分的失落感。如果一时没控制好情绪，他哭出声来，甚至一路抽泣着回家，那羞耻感简直刻骨铭心。

男孩一定愤愤然："今天先算了。但这事儿没完，我不认输！下回再好好收拾你，给我记住喽！"

他不服输，誓要把深刻的屈辱通通还回去。这不是在吹牛，而是真的在给自己鼓劲。

我们要教给男孩的，正是这股不屈不挠的冲劲。

赛场上，一支球队是百折不挠还是一击即溃，并不难分辨。前者即使陷入困境，也能坚持奋战，最终反败为胜；后者是一旦失势便不能自拔，一败涂地。

我觉得关键要看教练或家长的鼓舞方式，看球员们有没有时时被提点：“让对手记住，我们还会回来的！”

队员哪怕输掉一场比赛，教练或家长也会为他打一剂强心针：“偶尔不在状态没关系，咱们有赢的实力，下次一定能一雪前耻！”

斗志不会被失败浇灭，只是需要被重新激活。低谷不足为惧，甚至还能成为砥砺前行的动力。咬紧牙关爬起来，孩子就能在逆境中学会蓄力、坚持、拼搏、冲刺。这个过程还能激发出其他很多能力。

但如果孩子得到的是辱骂，情况又会如何？

耳边传来的声音是：“你们没救了，看看自己犯的那些低级错误吧！”孩子被彷徨绝望的情绪旋涡困住，越反思越沉沦：“下次再犯怎么办？我只能输个没完了，而且还会再挨骂的啊！”于是他们在心理上先缴械投降，次次都安然认输，然后在现实中也步步败退。

职业运动员面对败局时，绝不会一蹶不振。他们对自己永远有一句：“还有下回呢！”这与本小节开头的“你给我记着”异曲同工。

再万里挑一的天才运动员也会失手。有时甚至明明有夺冠的潜质和决心，却也在第一轮就被淘汰出局，或者在重大比赛时受伤，只得抱憾离场。他们和一般人的区别就是绝不放弃，内心深处回荡着“你们都给我记着”的声音。他们当下会潇洒离去，但接下来一定会厚积薄发，最终以王者之势归来。

现今的孩子没有多少出头的机会。日本的教育过于强调所谓的公平，殊不知我们追求的已是变了味的公平。有一段时间，学校的跑步比赛居然都不排名次了，那选手们还有什么好“竞争”的呢？集体演出或艺术活动也全员平均分配角色，或轮流站中间位置，总之角色是不分多寡和主次的。这种奇幻的景象现在也不少见，还带着当年平等主义教育观的残影。

拜平等主义教育观所赐，眼下的日本随处可见不堪一击的孩子。依我说，孩子就要去历练，被打得越多，被击得越狠，才越好。

孩童时期的一切挑战和苦难，都是为将来走进成人世界而做的演习。成年之前经历过多少挫折，又扭转过多少颓势，都将在成年后给他丰厚的回报。现在的他顶多就是在运动会上没跑到第一名，或在艺术节上没拿到班级节目的主要角色。但他从中体会到的失落，得到的勇气，以及战胜这一切后的自信和骄傲，都将滋养他的一生，让他更坚韧，更无所畏惧。

所有能力的训练都应该循序渐进。先在小风小浪中掌握了出海航行的基本技巧，才能挑战大风大浪。否则，把一个没有任何经验的人突然投掷到激流中，他也开不了船。下场一定是覆没、溺水，最后沉入海底。

看到孩子陷入困境四面楚歌时，家长要给他希望：

“不要怕！眼下再苦都是短暂的，战胜它后就是一片坦途！”

“这件事真的太难了，你不是唯一一个被它打击到的。妈妈也好，其他人也好，大家都经历过。所以，我们知道，你现在很不容易。”

“输赢都不是绝对的，只要我们不放弃，明天就有机会翻盘！明天还输的话，那就期待后天、大后天……我就不信，咱一辈子都打不过它！”

不要怕矫情或夸张，给孩子鼓劲一定不会错。

战胜沟通障碍

常有男孩妈妈向我咨询孩子的沟通问题：“我儿子从小就

嘴笨，沟通方面是一塌糊涂。有什么方法能提高他的表达能力吗？”

沟通能力可谓生存之本，难怪妈妈们会着急。会说话的人去哪儿都能发展得顺风顺水，我的确建议每个家庭都帮孩子做好沟通技能的基础训练。

但有个误区，家长一定要走出来，那就是“嘴笨”不代表不会沟通。

我就认识一位做乐器销售的奇才。朋友聚会时，周围人聊得多热火朝天，他都一言不发，插不上话也不想插话，看上去就是个嘴笨的人。但他的销售业绩常年稳居榜首，这里面有什么玄机呢？

其实，这位朋友真正的实力不在于说，而在于听。他即使在全力争取客户时，也只是安静专注地听客户说而已。年长的客户尤其希望被人倾听，我的朋友在老人面前便从不多嘴，总是笑眯眯地听他们讲那些过去的事情。话题再陈旧乏味，朋友也绝不打断。客户可能说：“当年我家有过一台钢琴，我和孩子们一起弹，可开心了……”泛黄的回忆在朋友真诚的倾听中栩栩如生。

只有在客户主动提问时，朋友才会开口，任何问题他都会毫无保留地回答。从小就嘴笨，所以守拙与真诚才是赢取客户信任的不二法门。朋友会坦诚分享自己从事乐器销售的原因。他也曾梦想过当钢琴家，但后来发现自己天资太有限，只得转行做了销售。没有冠冕堂皇的说辞，也不怕尴尬，有一说一罢了。

客户们都喜欢跟朋友聊天，无论聊什么话题，朋友都会耐心倾听。他的温柔与耐心让人如沐春风，以至于很多只是随便看看的客户都被朋友的真诚打动，聊到兴头便动了心思：“孙子不是说了想学钢琴吗？机会难得，干脆就从这个销售员手里买一台吧！”于是顺利成单，双方尽欢。

交流的本质是以心传心，将心比心。关键是倾听对方的倾诉和接纳对方的情绪，同时把自己的感受传达到位。语言不过是心与心对话时的一座桥梁，它的优美与否、高级与否并不是沟通的重点。

一个人是否温和良善、诚恳踏实，从根本上决定了他与人沟通时的状态和效果。

所以，一个不善言辞的人，也可以像我朋友那样成为倾听高手。爱情的世界里，一个擅长倾听的男朋友也更受伴侣欢迎。女孩子想随便聊聊时，男友宠溺地倾听，才是爱情该有的模样，没有哪个女孩会拒绝。小男孩们如能耐心倾听妈妈的唠叨和倾吐，不反感这些琐碎而感性的时光，那他们将来也一定是会倾听的沟通能手。谈起恋爱来，无论女朋友怎么倾吐或发泄，他们都不会觉得辛苦。

不过有一种场合，孩子不开口是不行的，那就是面试。面试官不是来倾泻情绪的。他们要通过发问，来考核求职者或考生在反应速度、应答能力、动作神态、知识面等方面的表现。此时，应试者的能力是由表达来决定的。出口成章，能进行高效自荐的人会更胜一筹。每个应试者都必须通过语言来让面试官相信："这个人太优秀了，我要招他进来！"

面试要求一个人具备高超的说服力，且尤以母语环境中的说服力为重。要在这一点上帮助孩子，平时的专项练习就不可少。

模拟面试等练习自不必说，平日里家长也要尽量创造机会让孩子来说服大人。比如孩子想买一台电脑时，我们可以反问他："为什么电脑是必须买的？给我们分析一下吧，否则我们也不好判断。"毫无价值的一句"大家都有，我也想要"是不能被接受的。孩子得拼命发掘电脑在不同场合下的作用，尽量多地找到电脑能解决的各种大问题，并分条按点地组织成语言，一一说给家长听。这种训练对面试大有裨益。

管理腻烦情绪

说实话，对事对物，我这个人都缺乏耐心，极容易生厌。但这责任可不在我，而在于这些事情本身。有些东西就是趣味寥寥，怨不得我哈欠连天。这个世界上，一定还有一些事情是充满刺激和惊喜的，只有它们才能让我持续保持激情，忘却腻烦。

教学这件事我一干就是几十年，是因为它带给了我无穷的兴趣和成就感；我对文学也从未感到过腻烦，手不释卷是常态；我对山间野营也永远兴致盎然，每回出行都有新发现，且越来越深陷其中。

所以，腻烦情绪的根源不在人，而在事。妈妈们与其苦恼孩子没定性，不如花心思帮孩子找到能让他定得下性的事来。

大千世界，无奇不有。孩子只有不断去尝试新活动、体验新环境，才有可能从无限多的选择中找到他最喜欢的那一个，他自然便能沉浸其中，不再腻烦。

以我自己为例，被腻烦情绪困扰，我也能在不断的尝试和体验中，时时保持思考，并不断邂逅新鲜的灵感。所以，大胆尝试是最重要的。

哪怕被心爱的姑娘甩了，我们这种人也不会沉湎于痛苦之中。原因很简单，我们本来就很容易产生腻烦情绪，难过都不会难过太久，否则会对难过这种情绪本身产生腻烦。于是我们便能快速调整情绪，调转注意力。我们不太容易被骗，或被人牵着鼻子在失恋的泥泞里一路血泪前行。

“快速治愈失恋痛苦”肯定是个玩笑，但希望大家知道，容易腻烦真不一定是件坏事。

对抗粗心

粗心能体现在一个人生活中的方方面面，错过时间、忘了带重要的资料或物品……虽然看上去与性别的关系不大，但实际上它在男性中更常见。

在我事务所里打工的大学生中，女生迟到是闻所未闻的。但男生就常常说："唉，我记错时间了！"然后理直气壮地迟到。交代下去的工作，女生往往是保质保量地按时完成；男生往往是快到截止时间了才手忙脚乱地糊弄一下，质量之差可想而知，通常需要找别人返工。

也有家长会觉得："我儿子以前并不粗心啊，现在是怎么回事？"但粗心与否本就不是天性使然，而是来自后天的习惯。

女孩的妈妈通常早早便会提醒："要注意自己的言行举止，别忘了礼仪和规矩。"从小听着妈妈的唠叨长大，女孩们大抵都很细致、守时、有礼貌。

但男孩就容易被一些传统观念干扰，比如："男孩天生就糙一些，偶尔马虎很正常。"学校里的男生便大胆地迟到，彼此间还以"难兄难弟"相称，似乎毫不愧疚。即使错过了资料或作业的提交时间，他们也觉得正常。没有时间观念的男孩，通常也不擅长收拾房间，学习成绩多半也堪忧。

时间管理、收纳、学习，这三者是密切相关的。

有些孩子早起时感觉精神欠佳，便懒散地洗漱和用餐，心安理得地迟到，该收拾房间时也能因为没劲儿，便堂而皇之地放着一屋子垃圾和杂物不管。可想而知，到了该学习的时候，他们肯定也逃不了“没劲儿”的状态，于是又心安理得起来：“先放着呗，明天再说。”他们的人生状态就是心安理得地明日复明日。**懒散背后的真正原因是：在任何节点，人总是偏向于那个更轻松的选择。**

孩子是否能避开这个万事畏难的坏习惯，关键就看妈妈能不能在他们 6 岁前帮他们打好基础。

举个例子，妈妈都知道提醒孩子泡澡之前要先上厕所，否则孩子可能要来回跑冤枉路，但这些事情孩子不可能天生就知道，必须靠家长的帮助才能养成习惯。同理可知，对孩子来说，收纳房间也是需要家长的引导才能形成习惯的。

男孩在 6 岁前，还是认可家长的权威的。哪怕偶尔扭扭捏捏，最终也还是会听话。但过了 6 岁，他们便开始频繁反击：“干吗老是催我收拾！”渐渐地，他们还会摸索出各种各样消极糊弄的技能。

6 岁以后，家长就很难扭转孩子的习惯了。但即便如此，也有方法补救，教训就是最生动的补救方法。孩子受了罪，才能懂道理，自我反思。他上学忘了带午餐，那就让他饿一顿；他错过了课外活动的集合时间，没法参加活动了，那就让他缺席活动……男孩从实践中才能悟得真知：还是活得踏实点才好啊！

对于已经进入叛逆期的孩子来说，这招可能是仅存的方法了。毕竟此时此刻的他们再粗心散漫，也不会听从家长的教导了，还是让现实来给他们上一课吧。

第 7 章

给孩子的幸福哲学

10 岁，男孩关键期

男の子は 10 歳になったら育て方を変えなさい!

你的孩子会有怎样的家庭和人生呢

父母只求用一生的良苦用心，换孩子的一世平安。

你会花时间读这本书，也是因为这份没有半点杂质的伟大苦心。

你对此坚信不疑，并全力以赴。

你希望孩子健康成长，一生无虞。能做人上人，当然最好不过，但平平顺顺也大体如意。总之，幸福应该是孩子人生的基调。

没有哪个父母图的就是让孩子走弯路，并用一生来治愈童年。但太多的父母过于追求名利，急于快狠准地为孩子找到一条“向上跃迁”的捷径，把全部的心血都付予升学备考的刷题和补习。那些在孩子未成年时更为重要的成长必修课，却被父母“暂且先放一放”，然而一放便再不回头。

究其原因，可能是因为日本人天生就谨慎，不易让个人价值观与社会价值观背离。或者是因为我们经历了漫长的太平时期，大家都被养得心宽体胖，于是懒得进行什么独立思考，无所谓什么自主性与自驱力了。更有可能是因为我们甚少去梳理，到底什么样的生活才是幸福的，更不要说去思考什么样的人生才是幸福的了。

既然生而为人，我们还是多少该拿出些激情去探索幸福的概念与本质的。从事教育咨询行业的这些年来，我有幸为大量的家庭答疑解惑。与此同时，我也不断从教育的角度出发，去思考关于幸福的关键问题：人生的终极幸福是什么？在这些反思与领悟之上，我姑且梳理出了一个框架，把我自己的答案放入其中，并斗胆将这肺腑之言称为“幸福哲学”。在此简要概括并分享给大家，希望我的答案能抛砖引玉。

孩子未来的生活，会是他想要的那一种吗

人类的幸福感有两大来源：一是短期、低级的欲望得到满足，二是长期、高级的欲望得到满足。把这辈子满足过的所有欲望加起来，就是整个人生的幸福感了。

短期幸福感得来全不费工夫，吃饱肚子（至少不挨饿）、开心（舒坦或不难受）、舒服（身心能放松便好）、有安全感等都在其中。这些体验偏动物的本能，在当代社会不难得到满足。

长期幸福感则需要一些持续的状态来承载。要实现它们，耗

时也要长得多。比如“有一项自己热爱的事业”“能找到心灵相通的佳偶，顺利地生儿育女”“能照顾他人，成为他人生命中不可或缺的一部分”等。

越高级的幸福，需要越多的时间来实现。一个人如果每天都为了生存和名利疲于奔命，或浑浑噩噩虚度光阴，那么留给他追求高级幸福的时间就不多了。更有甚者，即使有闲暇时光，也懒得管什么高级的幸福。他们时刻准备并期待着要去做那些快速变现的项目，或一心奔赴那些有利可图之处。

白云苍狗，这些钻营就真的是他们想要的生活吗？会不会他们也只是在一片困顿中做着当下唯一能做的事情呢？即使一大段自由的时间从天而降，他们或许也想不出高级幸福的样子，搞不懂自己究竟想要什么样的生活。他们但凡有答案，都必将用尽所有资源去追寻。但他们却活得如此辛苦、如此迷茫，只能说明他们确实没有答案。

一个人想要得到幸福，首先要明白自己想要的到底是什么。他应该在大千世界中偶然产生一星半点灵感，然后不断地探索，与这灵感互动，最终点燃澎湃的激情，或成就让自己矢志不渝的人生目标。前文对此已有过大量阐述。

将来他能否琴瑟在御，舐犊情深呢

本书的读者们多半已结婚，大多数还升级成了父母，拿到了育儿之路的入场券，或说通向幸福的门票。我们的孩子将来也能体会到琴瑟在御，舐犊情深吗？

天下万事莫不应时代潮流而演化，其中最令人惊叹的就属女性地位的变化了。当今的日本女性，肯定是史上最成功、最有家庭主导权、在各行各业最耀眼的一代女性。

当代日本家庭中，定大事的人一般都是妻子。别看我写起书来头头是道，回到家里也是个“妻管严”。每个家庭的孩子越来越少，女性也有了更多时间和精力去追求自己的目标。日本生育率不断下降，如何解决这个问题，女性有更大的发言权。所以，她们当然应该发出更大的声音，争取更多的权益。

年轻女性在挑选伴侣时，标准越发严格：“约会有什么意思？真不如跟姐妹们一起吵吵闹闹。这辈子我宁愿一个人单着，也不想嫁给一个无聊无趣的男人，经营一段无聊无趣的婚姻，陪他过无聊无趣的一辈子。”

这对男孩的父母是个不小的挑战。女性学历越高，结婚时间也就越晚，孩子当然就生得越少。女性的崛起，意味着男性要更努力，这是大势所趋。

女性在未来完全可以独立地把生活过成自己想要的样子，不再需要依附男人了。

可能有人要说：“万一女性还是想当妈妈呢？那还是得嫁人啊！”此言差矣。时代变了，医学发展到今天，很多国家的女性真的有办法一个人生孩子。随着法制和环境的变化，日本女性当然也行。而且，即使结了婚也还可以离婚。很多妈妈离婚后都独立带孩子。

请允许我为将来的男同胞们做个悲观的预估。等到现在这批女孩成年后，将产生更多终身不婚的人。女性依然拥有生育的自由，单身妈妈的日子也能过得风生水起。所以，女性的生育率，很可能不会因结婚率下降而受到影响。

让男孩在未来有“男友力”

兜兜转转说了这么多，我得出一个颇为老土的结论：要想男孩们将来能幸福，至少有选择的余地，父母现在就要培养儿子的“男友力”。只有这样，他以后才找得到女朋友，且能和女朋友一起走进婚姻殿堂。

男友力这个概念听起来就不正经，但它对男孩一生的幸福至关重要，所以下面的段落权且作为编外话，请随意一读，“止增笑耳”也无妨。

男人什么时候看上去魅力十足呢？当他专注于一项工作或爱好的时候。此时，他们身上闪耀着无坚不摧的执着，脸上洋溢着舍我其谁的自信。运动场上的拼搏就是个绝佳的例子。

想想看，哪个女孩会觉得瘫在沙发上玩手机游戏，或看电视看得沉迷其中、难以自拔，或对着电脑刷综艺的男孩魅力十足？

谁会认为那些在赌博机上醉生梦死的赌徒能赢得女孩芳心？所以，瘾再大也要讲究分寸，过犹不及。谁才是能过日子的人，女孩看得清清楚楚。

观察那些极度受欢迎的男生就不难发现，他们最有吸引力的时刻往往出现在专心工作或运动、烹饪的时候。

做运动和玩音乐时的男孩就特别有这种吸引力，总能引得女孩们驻足观望，甚至大喊“好帅”。道理很简单，专注的男人就是有魅力。

有魅力的男人必须有一项事业或特长。他沉醉其中时，脸上能浮现出平时少见的专注神态。

每每看到关于“女性理想结婚对象”的报告时，我们就会发现榜单前几名中一定有“那种可以专注某件事情或爱好的男性”。

如果孩子对某件事情有浓厚的兴趣，一做起来就沉醉其中，表情也变得认真严肃，那么请一定大力支持他。一种让孩子燃烧一腔热情，散发男性魅力的爱好，对他将来的爱情生活极有价值。

● 会说话的男孩才会谈恋爱

这一点是我想说的编外话第二篇，同样也是为了让孩子将来能找到伴侣、成家立业。一直偏题，十分抱歉，只得再次恳请读者们忍耐。

“男友力”意味着专注和投入。除此以外，男孩还要会聊天，特别是跟女孩自然愉快地聊天。

沟通能力也是一种魅力。有时单凭“聊得来”这一点，男孩就能博得女孩的青睐。但对于当代男孩来说，聊天恐怕比学习还难。

那么会聊天到底是什么意思呢？滔滔不绝，口若悬河？除非一个男孩真在脑子里装着源源不断的奇思妙想，否则说太多只会让姑娘厌烦：“这人真啰唆！”“嘴太碎。”

真正的关键还是耐心温柔地倾听，最好再辅以接纳的态度和及时的应和，让对方感到被关注和尊重，聊天才能顺其自然地持续下去。

倾听是一个重要的加分项，能弥补男孩在外貌、专注度和男人味上的欠缺。有姐妹的男孩是能占得先机的，有了练习的对象，他们的训练能先人一步。但万一家里就这一个孩子，是不是就没辙了？

当然不是。我班里有很多少年告诉我：“跟女生聊天没什么难的。”其中就不乏独生子。我就好奇了：“你们是在哪儿练的倾听技巧呢？”答案很统一：“从小听妈妈家长里短地唠叨，渐渐就习惯了。”

这个发现让我颇为震撼，原来妈妈的唠叨还能帮儿子提升倾听能力，会恋爱的男孩背后大都有个爱聊天的妈妈。

在儿子进入叛逆期前，妈妈就可以多跟他讲话，让他习惯于承接女性的倾诉，甚至偶尔的啰唆和发泄。这也许能让他自然而然地学会倾听，掌握沟通中最重要的技能，对他将来的恋爱和成家都有积极的影响。

在会听的基础上，如果还会说，遣词造句和带话题的能力都不错，那男孩在恋爱中就又多了一点儿竞争力。

提升表达能力没有捷径，笨鸟先飞和勤加训练总不会错。一定要鼓励儿子多开口，哪怕一开始聊的内容极其无趣、无聊、无逻辑，大人也要忍耐。妈妈自己首先要苦练倾听基本功，才能让孩子卸下防备、大胆开口。

男孩跟妈妈聊天是将来跟女孩聊天的基础。妈妈们肩负着教练的角色，要帮孩子营造出和谐的沟通氛围，让彼此会听也会说。

所以，母子俩要一起提高母语表达水平，但这只能在孩子进入青春期前进行，此时的他们多少还能配合一下妈妈。儿子进入叛逆期后，妈妈才亡羊补牢，然后逆势努力，就太事倍功半了。

会做家务的老公最迷人

“男友力”终于可以告一段落了，但我还想聊聊它的升级版——结婚后如何当个好丈夫？将来，女性对婚姻的决定权越来越大。那么丈夫到底怎么做，才能成为妻子心中知冷知热、有情有义的好伴侣呢？

日本的离婚率在不断攀升。据我观察，除了出轨以外，离婚的一个主要原因是：男性不会做家务。这些男人想必从小就备受父母呵护，做任何事都不必亲力亲为，当然学不到什么家务技能。

我再说一遍，女性的社会地位和权力空间已今非昔比。她们也有自己的事业和理想，早就不再那么“学有余力”，能照顾另一个成年人的吃喝拉撒了。

但还是有很多父母不想让儿子受半点苦，年复一年、日复一日地为他打理一切生活细节。父母的呕心沥血让男孩永远也学不会照顾自己，更别说分担一个家庭的家务了。这些十指不沾阳春水的大男孩结婚之后，才终于明白了家务的重要性。未来，男性的婚姻持久度与其家务能力的高低可能真会挂钩。丈夫完全不会做家务，那么妻子很可能真的会离婚。

家务的范围很广，打扫房间、洗衣做饭、生活采买、垃圾处理等都在其内。丈夫可从中选择自己擅长的项目为妻子分担一二。妻子实在忙不过来时，丈夫最好也能独立承担一段时间，不求每件事都做到满分，但至少每件事都要会做。如果丈夫能在每周确定好日子，到点就完成自己承担的家务，而无须妻子提醒或帮助，那就更让妻子欣慰了。

不消多说，个人卫生和收纳等事当然要自己独立完成。特别是在用完卫生间、厨房、客厅等公共空间时，一定要养成立刻清扫和归位物品的习惯。

“奶爸男神”的概念最近在日本大热，丈夫除了要分担家务，还必须深度参与育儿。儿子将来也会有自己的孩子，妈妈们当然不希望爸爸在育儿的过程中缺席。妈妈们可以帮儿子打好基础：让他多和年龄更小的孩子玩耍；引导他欣赏小宝宝的懵懂可爱；鼓励他亲近长辈，并力所能及地照顾老人。如果条件有限，孩子身边没有长期的小玩伴，妈妈也可以在偶遇小宝宝时，用语言激发儿子对小孩的关注和怜爱，比如：“刚才那个宝宝好可爱啊！”“那个孩子很有意思，真好玩。”

小宝宝需要父母寸步不离的照顾，绝不能让妈妈独自育儿。在老大是男孩，与老二年龄还很接近的二孩模式下，没有人体贴妻子，和她一起分担育儿事务的话，妈妈很可能劳累过度、出现应激现象甚至罹患抑郁症。爸爸在这个时候如果还一副事不关己的模样，那绝对不应该被原谅。

体谅和理解妻子，尽最大努力照顾家人，是将来男性的基本素质。

我一直强调，会做家务的男人才有家庭价值，才不至于让家庭摩擦不断。不过女孩们又提出了更高的要求：“家务本就该一起做啊！丈夫会做也是应该的。”细问下去，女孩会解释说：“我想要的是主动的关怀。在我的要求下，丈夫才分担一部分家务，那只能说达到了及格线。丈夫如果能主动帮忙，在我没注意到的地方把一切料理得妥当，才是真的细致入微。”未来的世界对男孩真是越来越高标准、严要求了。

孩子要学会主动发现和解决问题，而不能依赖于外界刺激或他人催促。日本生育率走低，很多孩子被宠得饭来张口，衣来伸手，反正妈妈无所不能。进入青春期后，他们也一如往常地懒散，处处依赖妈妈，永远学不会自理和自立。但妈妈们也不要矫枉过正，不可把太多家务一股脑儿地砸儿子头上，时时提出要求，逼他去做。妈妈可以观察孩子的行为，当他主动解决问题或完成任务时，给予表扬就好，以培养自觉性为主。

比如妈妈在外淋了雨，湿了鞋袜。到家后，儿子主动送来一条毛巾，让妈妈擦拭。这就是个宝贵的契机，妈妈一定要及时称赞。可以摸着儿子的头温柔地说：“谢谢你帮妈妈分忧，真是个细致懂事的好孩子！”

如果儿子还有更好的表现：“妈妈，刚才我看到天色变了，可能要下雨，就去把晾在外面的衣服收回来了哦。”妈妈就更得大力称赞了，当晚还能再奖励一顿大餐的话，就更锦上添花了。

妈妈要耐心等待儿子的主动表现，等到了便给他真诚甚至是夸张的表扬。正向鼓励将刺激他的大脑分泌出令人快乐的激素——多巴胺，一次次的重复将强化这种快乐感，帮助他养成时时眼里有活、主动照顾他人的习惯。

让男孩成为“靠得住”的人

除了前述的几种悲剧以外，还有一种男孩也容易一生孤独，那就是被女孩认定为“靠不住”的男孩。这里的“靠不住”不是说脑子笨或成绩差，也不是邋里邋遢，个人卫生一塌糊涂。“靠不住”是指男孩不思进取，同样的错误反反复复地犯，没完没了。

儿子的粗心和散漫纵容不得。一旦发现他有什么错误或坏习惯，必须及时批评甚至严厉呵斥，让他明白其严重性。否则父母处处替儿子兜底，男孩便会习惯依赖他人解决问题，逐渐丧失危机感和责任感，越来越懒散。

我从来都信奉“失败是成功之母”，男孩的成长离不开从挫折和困境中总结出来的教训。但不要误解我，一个人在同一个地方跌个一两次也就罢了，第三次好歹得振作起来，有点儿起色。

男孩会在同样的失败中“一跌不起”，肯定是他没警告过自己：“够了！我不能再犯这种低级错误了！”他那浑身的无所谓与得过且过，说到底就是一种懒惰。

这种无所谓的心态造成了他骨子里的懦弱与懈怠，让他对一切坏习惯和嗜好都不再有抵抗力。撒谎就是一个典型的例子，此外还有赌博、浪费、酗酒、色情等。从此，孩子对种种诱惑来者不拒，人生逐渐沉沦。

很多父母都明白不能让孩子无节制地玩电子游戏，但实际上还是容易睁一只眼闭一只眼。当看到孩子对容易上瘾的嗜好有陷进去的苗头时，父母就应该严令其停下，且告诫孩子此后都要注意分寸。

回到婚姻的话题中，我再补充一句：没有自制力、戒不掉各种瘾的丈夫，只会给家庭带来无尽的负能量与损耗。久而久之，丈夫的沉沦与放纵一定会将夫妻间的好感消磨殆尽。妻子看到的未来只余一片孤独和恐惧。在那般绝望境地里，离婚也就是她唯一的选择了。

正直与温柔是不会错的

父母的“三春晖”是为了让孩子将来能过上他喜欢的生活，能邂逅并留住他想邂逅和留住的人。那么，什么样的男孩才能让家长得偿所愿呢？

前文说过，家长在孩子还小时就要引导他学会很多技能，养成很多习惯。比如要会沟通，特别是倾听。但这些能起的作用毕竟有限，万一儿子还有别的短板，且刚好触到别人的底线，那么再高超的倾听和表达能力怕也是杯水车薪。

两个人能长相厮守，意味着彼此间有持续而绵长的爱。爱散，则缘尽。但爱又从何而来呢？直白地讲，男性要能一直为女性提供情绪价值，让对方一直感受到自己的体贴和温柔，女性的爱才能相应地保持炽烈和鲜活。

爱是持久永恒的陪伴，以及心与心之间的映照和互补。男孩应该努力走进女孩的内心世界，去了解她的过去和现在，并接纳她的成长环境，疼惜和欣赏她的一切。这才是爱的本质，理解了这种本质，男孩才有爱一个女孩的能力，也才有去爱任何其他人的能力。一个人不能只对自己温柔以待，也要看到身边每个人的需求，努力把光和暖带给所有人；不能把其他人当成工具或机器，要看到大家的喜怒哀乐，尊重和成全每个人的存在感。这样的人当然也会被其他人欢迎和深爱，毕竟大家都有血有肉，不可能拒绝这样的正直与温柔。

父母可以从日常生活中营造氛围或举出例子，教孩子体谅他人。让孩子明白“我为人人，人人为我”的道理，明白人类是群居动物，彼此关照、赠人玫瑰是一种上乘的美德。

一个急他人所急，想他人所想的人，是永远不会被社会抛弃的。所有家长都有责任教孩子明白这个道理。

让人生成为惊喜和梦想的舞台

孩子结了婚，成了家，可能还生儿育女了，父母的人生剧本又该怎么推进？

当儿子长大成人独立生活后，妈妈的生活将产生怎样的变化？关于这个问题，恐怕妈妈在不太远的未来就需要找到答案。

妈妈特别需要思考的是，当儿子离开家之后，自己和丈夫之间的关系会怎样发展？

养育告一段落，中年妈妈们尚有 40 余年的时间要慢慢消耗。儿子离家之时，有一个问题就会渐渐浮现，没有了孩子这根纽带，夫妻为什么还要共同生活呢？

不同的人会有不同的回答：

“不想一个人待着，太寂寞了。”

“两个人肯定比一个人好玩吧。”

“也就是搭伙过日子嘛。”

这些答案都体现着人性，人类毕竟是群居动物，不习惯离群索居。但更重要的一个原因是：人们害怕那种“厌倦”的感觉，我们不想感到厌倦。这一点容易被很多人忽略，但我认为它太关键了。

“不厌倦”有两种含义。一种是我们对米饭或面包的真挚情感，它俩好像是吃不腻的。对其他食品，人多少都需要调剂和间隔。没有人能每天外出去餐厅，连续不停地吃同一种食物，比萨、日式拉面、美味的寿司或鳗鱼都不行。对这些食物，人们持续进食的耐受度是有上限的。但米饭和面包就能每日天经地义地进入我们的肠胃，似乎注定就该是饮食男女生活中的一部分。

除了这种生理上的“不厌倦”以外，还有一种心理层面的

“不厌倦”。它就是一种能不断激活灵魂的刺激感。它能让头脑感到新鲜与悦动，能给人的精神世界带来连绵不断的活力与能量。

相反，“厌倦”就是重复同一件事情太多次后，感到的乏味和排斥感。前文也有提及，我们有很多对抗“厌倦”的办法：有一项或几项让自己沉醉其中的爱好；不停地观察环境，并与其中有趣的事物互动；在前两者的基础上，梳理总结自己的体验与发现，得到能让他人也同样兴致昂扬的观点或话题。这些才是把人从“厌倦”中解脱出来的方法。

我们除了要对抗别人带给自己的“厌倦”感以外，还要避免给别人带去太多的“厌倦”感。

我每次发问：“你有没有努力让自己变得有趣，不让别人感到乏味呢？”很多女性都会哑然，低头不语。

但我问男性：“你有想办法让自己变得有趣，不让女朋友感到乏味吗？”他们都会回答自己确实想过办法的，多少都努力过。那么我希望男同胞们继续加油，婚后也不要忘记让自己保持有趣。

尽量不让别人对自己感到“厌倦”，是一种必备的能力和心理觉悟，未来将会变得越来越重要。

孩子们从来都不会让人感到“厌倦”，是因为他们总会有新发现、新进步、新成绩。希望妈妈们保持住孩子的天真无畏与大胆开拓精神，让他们在成年后依然能给人带去源源不断的新鲜感。

我们不想让别人感到厌倦，就要发掘能让自己全情投入，且也勾得起别人兴致的事物与爱好。这种能力不会从天而降，最好是从儿童时期就开始培养，并把小时候养成的习惯坚持到成年。

孩子们将来要面对一个越发老龄化的社会。父母给孩子的教育，也要能照顾到他退休以后的漫长生活，小时候的兴趣可以滋养他一生、愉悦他一生。

雅致或有技术含量的爱好，能陶冶情操，拓宽视野，音乐就是其中的典范。当一个人擅长一种乐器时，他就无惧衰老。因为给他一张曲谱，他就能奏出幻妙的乐章。在这个世界上，永远都有一方舞台或一群音乐发烧友在等着他一起去沉醉、碰撞、闪耀，哪怕大家都白发苍苍。日本的传统艺术，如茶道和花道，也有类似的作用。

园艺和烹饪也是越挖掘越妙趣横生的经典爱好。试想一下，一个人如果只是在麻木和迟钝中默默老去，有的只是大把大把的无聊时间，却无任何精进的特长或专注点，那么想必他就只会瘫坐在沙发上，不停地看电视、刷手机、玩游戏。情况再恶劣一点，搞不好还会酗酒，甚至染上更糟糕的嗜好。他们的伴侣会愿意用人生最后的三四十年去陪伴这样一个人吗？

相反，妈妈可以让孩子白天做完家务，前往图书馆去做一项自己感兴趣的调查；读到尽兴后去超市进行一天的生活采买；周末时还能找到一座不远不近刚刚好的山，踏歌而行，去欣赏晨间的薄雾清风或傍晚的红霞归燕。孩子的头脑依旧灵活，对这个世界的冷暖起伏依然有着自己的观察和解读，而不是被他人牵着鼻子走。长大后面对伴侣，他总是有新鲜的话题和独到的见解。对伴侣的意见和温柔的唠叨，他也能充分而耐心地倾听。这样的男人，和他一起吃饭都会是件有意思的事，谁都不会拒绝。

这个世界上有渊博能干的老爷爷，当然就有活力四射的老奶奶。不分性别，每个人都可以找到让自己激情燃烧的爱好和活动。

所以，两个人能携手共度余生，一定是因为双方都很有趣，都不会让别人感到厌倦。我知道凡事过犹不及，不能为一项爱好投入过多时间，以至于耽误了家庭的基础事务。但从大局看，爱好能扩展我们的视野和交际圈，还能避免让夫妻双方对彼此感到腻烦无聊。

发掘自己的兴趣爱好，并为此找到正确的时间管理办法，是一项从小就要开始学习的技能。那么，这项技能的开始可能就是一句简单的“那件事好玩儿，我想干”。**幸福就是过自己想过的生活，但如果一个人不知道自己想过的究竟是怎样的生活，那幸福又从何谈起？**

最高级的幸福

最后的最后，我想聊一个宏大的话题，即我们存在的意义，以及对于人类来说“最高级的幸福”是什么。

与大脑相关的近期研究告诉我们，生活中有很多场景或体验能诱发大脑分泌令人快乐的激素——多巴胺。冥想就可以给人以宁静放松的感觉。除了这种生理性的快感外，当人们沉醉于爱好中时，或被他人褒奖时，大脑也会分泌出大量多巴胺。

被人称赞，大抵有两种原因：一种是自己过人的表现让他人心悦诚服、啧啧称赞；还有一种是因为帮助他人，将他人从困境中解救出来而收获感激。其实一次表扬并不需要太大的阵势，发自肺腑的赞叹、一两句真诚的感激就已经能让人们的大脑分泌多巴胺了。

真正的人生幸福，就是能在这个社会上找到自己存在的意义，为他人带来喜悦和价值。艺术表演就是最好的例子。在这里，一切都是需要他人回应的。面对空荡荡的观众席，音乐家再技艺高超，也很难获得掌声给自己带来的快感。要让自己感到幸福，就先得让观众感到幸福。

这就是一种最高级的幸福。积累越多，人生的幸福度就越高。体验过这种无与伦比的成就感后，一个人还要不要生孩子，以及生几个孩子似乎就无所谓了。特蕾莎修女就是此中翘楚。当一个人知道自己被别人需要时，他就不会怀疑自己的存在价值。

所以，如果你终将忘记我说过的所有的“术”，但无论如何都想在心中留下一种“道”，那么请记住这句话：**在这个拥挤吵闹，时而会让你困惑疲惫的世界里，永远不会错的、最高级的幸福就是造福他人。**

再次说回生育。生育子女已经是在为社会、为人类的繁衍做贡献了。当然，陪伴和欣赏一个新生命的成长也是一种幸福，所以生育其实于公于私都是双赢之选。生育的意义不会立刻显现，父母可能要经历一种“滞后”的价值感，即当下的辛勤付出，成全的是人类这一物种的万世延绵。所以，你的孩子是为社会、未来而生的。

我在本书中强调了人的主观能动性与主人公意识，但我不是在贩卖个人主义。相反，我认为真正的主角一定有强大的使命感，能为他人奉献和服务，也一定会尊重他人的存在感与能动性。所以，没有任何一个人的感受应该被牺牲或忽略，每个人都可以成为主角。任何一个人的欲望、需求、观念都要和其他人的紧密关联，才能实现共同的和谐。视野再放宽些，其实天地间无论花草树木、飞鸟虫鱼，都是有机结合在一起的。当我们把自己的主角梦放下，改为欣赏全世界的万事万物，接纳一切、关怀一切、成全一切时，终能成为幸福的人。

这个道理很简单，而且父母们已经在践行了。不信你们看，你们不是正在养育和塑造人类未来的希望吗？我非常肯定，请家长们也相信：**你的孩子，影响着未来；而这一切，你功不可没。**

12条锦囊妙计
献给迎战叛逆期的妈妈们

第1条

守护儿子，而不是干涉儿子，不理解儿子也没关系

第2条

克制自己以理服人的欲望，更不能以“势”服人

第3条

儿子一时没回应就随他去吧，不急于一朝一夕之功

第4条

对儿子偶尔的粗话不用上心，别让矛盾升级

第5条

想办法表达你的关心，但别让儿子觉得厌烦

第6条

尊重儿子的个人空间，决不乱翻他的手机、电脑、书桌等

第7条

不要把叛逆期当成亲子关系的肿瘤

第8条

不要担心或厌恶儿子的第二性征发育

第9条

不要整天恐慌、焦虑，没事找事地发愁

第10条

允许甚至鼓励儿子结交其他成年朋友

第11条

为儿子准备独立的房间，但他回房间时的路线一定要经过客厅

第12条

父母要时不时出门，离开家，给儿子留点儿个人时间

后记

本书初版出版于2011年，上市后，承蒙市场认可，被不断再版。多年来，本书一直停留在畅销书榜单上，时至今日仍有大量读者喜欢，作为作者，我深感荣幸。

我的教育事业起步于应试辅导，然后逐渐增加了其他相关的业务，如学生能力发展辅助、教育环境设定咨询等。这些年，在与学生及家长广泛而深入的交流中，我观察了大量的案例，积累了不少经验，并总结出了一系列的理论，它们都是本书得以完成的源泉和材料。我敝帚自珍，不忍舍弃任何从教育第一线获取的宝贵洞察经验。未曾想到的是，本书虽为倾我所有而写就，但最后看上去倒成了个大杂烩，略欠体系感和统括性。尽管如此，读者还是不吝赐爱，我不胜惶恐。

本次再版之际，我重新通读全书，不禁感叹，自己果然一直都语不惊人死不休，与严肃的教育家和学者风格相去甚远。在很多问题上，自己的“霸道”和“坚持”堪称顽固，我汗颜之余恨不得提笔一一改过。但转念一想，这些年来，有如此之多的读者赞同本书，那说明这些问题肯定是瑕不掩瑜的，说不定还有一番道理。于是我斗胆只做了很少的修正，对绝大部分篇幅继续“敝帚自珍”，如数奉上。

随着男性性激素分泌的增多，男孩在 10 岁左右开始迎来身体的各种变化。他们逐步走入第二性征发育期、变声期，最后来到叛逆的顶峰期。我希望这本书能提前告诉家长们如何陪伴孩子走过这些特殊的时期，不慌，不乱，不困惑。也祝福所有家长能尽到自己的最大苦心和努力，通过恰当科学的育儿方式实现自己梦想中的结果。在这个过程中，如果这本书能有些许参考价值，我就欣喜至极了。

感谢读到这里的每一位读者。无论这是我们通过文字的第一次见面，还是相识已久，这些文字能被你读到，就是我的幸运。

权作后记，再次感激。

松永畅史

2019 年夏至

未来，属于终身学习者

我们正在亲历前所未有的变革——互联网改变了信息传递的方式，指数级技术快速发展并颠覆商业世界，人工智能正在侵占越来越多的人类领地。

面对这些变化，我们需要问自己：未来需要什么样的人才？

答案是，成为终身学习者。终身学习意味着具备全面的知识结构、强大的逻辑思考能力和敏锐的感知力。这是一套能够在不断变化中随时重建、更新认知体系的能力。阅读，无疑是帮助我们整合这些能力的最佳途径。

在充满不确定性的时代，答案并不总是简单地出现在书本之中。“读万卷书”不仅要亲自阅读、广泛阅读，也需要我们深入探索好书的内部世界，让知识不再局限于书本之中。

湛庐阅读 App：与最聪明的人共同进化

我们现在推出全新的湛庐阅读App，它将成为您在书本之外，践行终身学习的场所。

- 不用考虑“读什么”。这里汇集了湛庐所有纸质书、电子书、有声书和各种阅读服务。
- 可以学习“怎么读”。我们提供包括课程、精读班和讲书在内的全方位阅读解决方案。
- 谁来领读？您能最先了解到作者、译者、专家等大咖的前沿洞见，他们是高质量思想的源泉。
- 与谁共读？您将加入优秀的读者和终身学习者的行列，他们对阅读和学习具有持久的热情和源源不断的动力。

在湛庐阅读App首页，编辑为您精选了经典书目和优质音视频内容，每天早、中、晚更新，满足您不间断的阅读需求。

【特别专题】【主题书单】【人物特写】等原创专栏，提供专业、深度的解读和选书参考，回应社会议题，是您了解湛庐近千位重要作者思想的独家渠道。

在每本图书的详情页，您将通过深度导读栏目【专家视点】【深度访谈】和【书评】读懂、读透一本好书。

通过这个不设限的学习平台，您在任何时间、任何地点都能获得有价值的思想，并通过阅读实现终身学习。我们邀您共建一个与最聪明的人共同进化的社区，使其成为先进思想交汇的聚集地，这正是我们的使命和价值所在。

图书在版编目（CIP）数据

10岁，男孩关键期 /（日）松永畅史著；赵学坤译．— 杭州：浙江科学技术出版社，2023.10
ISBN 978-7-5739-0830-8

Ⅰ.①1…　Ⅱ.①松… ②赵…　Ⅲ.①男性－青春期－家庭教育　Ⅳ.①G782

中国国家版本馆CIP数据核字（2023）第157971号

书　　名　**10岁，男孩关键期**
著　　者　[日]松永畅史
译　　者　赵学坤

出版发行　**浙江科学技术出版社**
地址：杭州市体育场路347号　邮政编码：310006
办公室电话：0571－85176593
销售部电话：0571－85062597
E-mail:zkpress@zkpress.com
印　　刷　天津中印联印务有限公司

开　　本	880 mm×1230 mm　1/32	**印　　张**	6.25
字　　数	117千字		
版　　次	2023年10月第1版	**印　　次**	2023年10月第1次印刷
书　　号	ISBN 978-7-5739-0830-8	**定　　价**	69.90元

责任编辑　陈淑阳　　**责任美编**　金　晖
责任校对　张　宁　　**责任印务**　田　文